आज के ग़म के नाम

आज के ग़म के नाम

फ़ैज़ अहमद फ़ैज़

सम्पादक

शहरयार

महताब हैदर नक़वी

वाणी प्रकाशन

वाणी प्रकाशन

4695, 21-ए, दरियागंज, नयी दिल्ली 110 002

फ़ोन : +91 11 23273167 फ़ैक्स : +91 11 23275710

शाखाएँ

अशोक राजपथ, पटना 800 004, बिहार

कॉफ़ी हाउस कैम्पस, महात्मा गांधी मार्ग, इलाहाबाद 211 001, उत्तर प्रदेश

महात्मा गांधी अन्तरराष्ट्रीय हिन्दी विश्वविद्यालय, वर्धा 442 001, महाराष

www.vaniprakashan.com
marketing@vaniprakashan.in
sales@vaniprakashan.in

Aaj Ke Gham Ke Naam
by Faiz Ahmed Faiz
Edited by Shahryar, Mehtab Haidar Naqvi

ISBN : 978-93-5000-757-0
Ghazals

संस्करण 2011, 2015
तृतीय संस्करण 2022

मूल्य : ₹ 350

सिटी प्रेस, दिल्ली-110 095 में मुद्रित

वाणी प्रकाशन का लोगो मक़बूल फ़िदा हुसेन की कूची से

अनुक्रम

परिचय

फ़ैज़ अहमद फ़ैज़ सियालकोट के एक सम्मानित परिवार में 13 फ़रवरी 1911 ई. को पैदा हुए। उनके पिता ख़ान बहादुर सुल्तान मुहम्मद खाँ सियालकोट के एक बड़े वकील और डिस्ट्रिक्ट बोर्ड के चेयरमैन थे। फ़ैज़ का बचपन बड़े लाड़-प्यार और घरेलू रख-रखाव में बीता। प्रारम्भिक शिक्षा सियालकोट के स्काच मिशन स्कूल से (1921-1927) प्राप्त की तथा इण्टरमीडिएट मरे कालेज लाहौर से किया। उच्च शिक्षा के लिए फ़ैज़ ने गवर्नमेंट कालेज लाहौर (1929 ई.) में दाखिला लिया तथा 1933 ई. में अंग्रेज़ी विषय में एम. ए. की डिग्री प्राप्त थी। इसके बाद ओरियंटेल कॉलेज लाहौर से अरबी में भी एम. ए. की डिग्री हासिल की।

एम. ए. करने के बाद फ़ैज़ 1935 ई. में एम. ए. ओ. कालेज अमृतसर में अंग्रेज़ी के प्राध्यापक नियुक्त हुए तथा 1941 ई. तक यहाँ रहे। इस समय साहबज़ादा महमूदुज़्ज़फर (जो बाद में पं. जवाहर लाल नेहरू के सेक्रेटरी नियुक्त हुए) कालेज के प्रिंसिपल थे। फ़ैज़ के अनुसार अमृतसर के ये दिन उनके जीवन की दिशा निर्धारित करने में बहुत अहमियत रखते हैं। महमूदुज़्ज़फ़र, उनकी पत्नी रशीद जहाँ (उर्दू की प्रमुख प्रगतिशील कहानीकार) तथा डा. मुहम्मद दीन तासीर (जो महमूदुज़्ज़फ़र के बाद कालेज के प्रिंसिपल हुए तथा प्रमुख प्रगतिशील शायर थे) के सम्पर्क में आने के बाद फ़ैज़ के सरोकार निर्धारित हुए, 'प्रगतिशील लेखक संघ' के संस्थापक सदस्य बने, सिविल लिबर्टीज संस्था तथा मज़दूरों के काम करना आरम्भ किया। उपमहाद्वीप में जब रेडियो की स्थापना हुई तो लाहौर और दिल्ली रेडियो के लिए प्रोग्राम तैयार किए, कहानियाँ, ड्रामे और फ़ीचर लिखे।

1941 ई. में फ़ैज़ की जिंदगी में एक अहम मोड़ आया जब उन्होंने एक अंग्रेज़ लेडी एलिस कैथरीन जार्ज से विवाह किया। एलिस से उनका संपर्क अमृतसर में डा. मुहम्मद दीन तासीर के घर हुआ था। फ्रेंच और स्पेनिश जानने वाली एलिस को साहित्य, संगीत तथा चित्रकारी में बहुत दिलचस्पी थी। फ़ैज़ और एलिस की शादी में सबसे अहम बात यह है कि यह शादी श्रीनगर में हुई और निकाह शेरे-कश्मीर

शेख अब्दुल्लाह ने पढ़ाया, जो बाद में कश्मीर के मुख्यमंत्री बने।

द्वितीय विश्वयुद्ध के समय फ़ैज़ कालेज की नौकरी छोड़कर फ़ौज में कैप्टन के पद पर जनसम्पर्क फ़ौजी अफ़सर नियुक्त हुए और दिल्ली आ गए, तथा 1943 ई. में मेजर और 1944 ई. में लेफ्टिनेंट कर्नल के पदों पर आसीन हुए। फ़ैज़ के अनुसार फ़ौज में नौकरी का उनका यह तजर्बा कामियाब रहा तथा विश्व युद्ध के समाप्त होने पर फ़ौज में उनकी कारकर्दगी को देखते हुए 1946 ई. में Member of British Empire के ख़िताब से नवाजा गया। 1947 ई. में फ़ौज से इस्तीफा देकर 'पाकिस्तान टाइम्स' लाहौर के सम्पादक बने।

फ़ैज़ बीसवीं सदी की एक विशेष विचारधारा से समर्पित प्रमुख शायर थे, इसीलिए 1947 ई. में जब वह 'पाकिस्तान टाइम्स' के सम्पादक बने तो उसमें भी किसानों और मज़दूरों की समस्या पर बराबर लिखते रहे। पत्रकारिता के साथ यह स्वर उनकी शायरी में भी देखा जा सकता है। 15 अगस्त 1947 ई. में जब बँटवारे के साथ आजादी मिली तो उन्होंने इसे स्वीकार नहीं किया और इस आज़ादी को 'दाग़दार उजाला' कहकर अपने विरोध को दर्ज कराया। इस सम्बन्ध में उनकी नज़्म 'सुब्हे-आज़ादी' उपमहाद्वीप में प्रगतिशील विचारधारा रखने वाले अवाम का नारा बन गई। उनकी पत्रकारिता और शायरी के ज़रिये विरोध के स्वर पाकिस्तान में लगातार फूटते रहे। नतीजा यह हुआ कि वह झूठे 'रावलपिंडी केस' में गिरफ़्तार कर लिए गए और 1951 से 1955 ई. तक लाहौर, हैदराबाद (सिंध), सरगोधा, लायलपुर, कराची और मंटगुमरी की जेलों में बंद रहे। इस केस में फ़ैज़ पर कुछ ऐसी धाराएँ लगाई गई थीं कि उन्हें मौत की सज़ा भी हो सकती थी। इसके बावजूद फ़ैज़ ने धैर्य से काम लिया और विपरीत परिस्थितियों में भी ख़ूब शायरी करते रहे। जेल में फ़ैज़ ने अपने जीवन की बेहतरीन शायरी की। उनके काव्य संग्रहों 'दस्ते-सबा' और 'ज़िंदाँनामा' की शायरी जेल के समय की यादगार है। सरगोधा और लायलपुर की जेलों में क़लम-काग़ज़, अख़बार और किताबों आदि पर पाबन्दी थी। मगर वह इससे दुखी न हुए और ज़िंदगी से ज़्यादा भरे हुए नज़र आए जिसकी अभिव्यक्ति उनके इस क़ते में होती है।

मताए-लौहो-क़लम छिन गई तो क्या ग़म है
कि ख़ूने-दिल में डुबो ली हैं उँगलियाँ हमने
ज़बाँ पे मोहर लगी है, तो क्या कि रख दी है
हर एक हल्क़ए-ज़ंजीर में ज़बाँ हमने।

जेल से रिहाई के बाद फ़ैज़ ने पुनः 'पाकिस्तान टाइम्स' का सम्पादन आरम्भ कर

दिया। जेल में रहने के कारण अब वह विश्व-विख्यात शायर हो चुके थे तथा उनकी शायरी में विरोध की लय और गहरी हो गई थी। परिणामस्वरूप दोबारा (1958 ई.) लंदन से वापसी पर गिरफ़्तार कर लिए गए। अब उनकी शायरी का दूसरी भाषाओं में अनुवाद हो चुका था, केवल रूसी भाषा में फ़ैज़ की शायरी की दो लाख दस हजार प्रतियाँ प्रकाशित हुईं। 1962 ई. में उन्हें लेनिन पुरस्कार दिया गया। 1978 ई. में जब पाकिस्तान में जनरल ज़ियाउल-हक़ की फ़ौजी हुकूमत आई तो फ़ैज़ के घर पर पहरे बिठा दिए गए मगर वह किसी तरह भारत आ गए। भारत में उनका स्वागत किया गया तथा कलकत्ता विश्वविद्यालय ने उन्हें प्रोफ़ेसरी के पद का ऑफ़र भी दिया लेकिन पाकिस्तान के हस्तक्षेप के कारण यह संभव न हो सका और फ़ैज़ रूस चले गए। सन् 1979 ई. में वह फिलिस्तीनी मुक्ति संगठन के अध्यक्ष यासर अराफ़ात के संपर्क में आए और बेरुत में एफ्रोएशियन राइटर्स असोसिएशन की पत्रिका 'लोटस' के संपादक नियुक्त हुए। यहाँ उनकी शायरी का अरबी भाषा में भी अनुवाद हुआ। 1982 ई. में जब इसराईली फ़ौज ने बेरुत को घेर लिया और बमबारी आरम्भ कर दी तो फ़ैज़ का घर भी इसकी लपेट में आ गया अतः वह बेरुत से मास्को आ गए और यहीं से पत्रिका 'लोटस' का काम देखने लगे। 1983 ई. में वह लाहौर वापस आ गए। 29 नवम्बर 1984 ई. को लाहौर में उनका देहान्त हो गया।

फ़ैज़ की शायरी में लगभग वही समस्याएँ हैं जो दूसरे प्रगतिशील शायरों की शायरी में मिलती हैं। लेकिन फ़ैज़ की शैली अलग और बिम्ब अनोखे हैं। नर्म और दर्दनाक शैली में ये समस्याएँ हमारी सभ्यता, संस्कृति तथा शायरी की परम्परा का हिस्सा बन जाती हैं। फ़ैज़ की शायरी केवल विश्वविद्यालयों के बुद्धिजीवियों एवम् ड्राइंग रूम की शोभा के लिए नहीं है बल्कि यहाँ से निकल कर यह शायरी गली-कूचों, कारखानों, खेतों और खलिहानों में भी फैलती दिखाई देती है।

फ़ैज़ के सात काव्य संग्रह 'नक्शे-फ़रियादी, दस्ते-सबा, ज़िंदाँनामा, दस्ते-तहे-संग, सरे-वादिए-सीना, शामे-शहरयाराँ और 'मेरे दिल, मेरे मुसाफ़िर' प्रकाशित हो चुके हैं। 'नुस्ख़ा-हाए-वफ़ा' के नाम से फ़ैज़ की संपूर्ण शायरी भी प्रकाशित हुई है। इसके अतिरिक्त गद्य में भी फ़ैज़ की कई पुस्तकें प्रकाशित हो चुकी हैं, तथा उन्होंने फ़िल्मों के लिए गीत भी लिखे हैं।

आज जब फ़ैज़ की शायरी पर सत्तर-अस्सी बरसातें गुजर चुकी हैं, और फ़ैज़ एक लीजेंड्री फीगर बन चुके हैं, पाठकों को यह बताने की आवश्यकता नहीं है कि फ़ैज़ की शायरी कैसी है। इसलिए फ़ैज़ की शायरी पर आलोचनात्मक राय देने के बजाय हम इस पुस्तक के सह सम्पादक और ज्ञानपीठ पुरस्कार से सम्मानित शायर प्रो. शहरयार से डा. प्रेम कुमार की बातचीत प्रकाशित कर रहे हैं। इस बातचीत से

न सिर्फ़ यह कि फ़ैज़ को समझने में आसानी होगी बल्कि एक सहृदय कवि को प्रबुद्ध पाठक बनते हुए भी आप देखेंगे।

यह फ़ैज़ का जन्म शती वर्ष है। उनका जश्न देश-विदेश की विभिन्न साहित्यिक संस्थाओं एवम् विश्वविद्यालयों में बड़े पैमाने पर मनाया जा रहा है। ऐसे में फ़ैज़ की शायरी का यह संकलन पाठकों के लिए एक विशेष तोहफ़ा होगा।

–महताब हैदर नक़वी
उर्दू विभाग
अलीगढ़ मुस्लिम विश्वविद्यालय,
अलीगढ़

फ़ैज़ की शायरी हमें ख़ुशी भी देती है, हैरानी भी

(शह्रयार से बातचीत)

आसमान घने ज़र्द-काले बादलों से ढका-भरा था। रिमझिम-रिमझिम कर गाती-गुनगुनाती-सी बूँदाबाँदी थी। हवा के मुनमुन-चुनमुन-से झोंके खेलते-ऊधम मचाते-से जैसे ठंड को उकसा-भड़का देने पर आमादा थे। दरवाज़ा खुला तो दिखा कि सिर से पैर तक खुद को गर्म कपड़ों में कसे-लपेटे शह्रयार साहब किसी से मोबाइल फ़ोन पर बातें करने में मुब्तिला हैं। पता है कि शह्रयार साहब को ठंड कुछ ज़्यादा ही सताती-डराती है—फिर भी आज की उनकी यह चौकसी, यह नाकेबंदी कहीं ज़्यादा लग रही थी। उधर कोई ख़ातून हैं शायद। खड़े-खड़े की जा रही उस बातचीत को अब समापन के करीब ले आया गया है—'जी, एक कलेक्शन भी तैयार कर रहा हूँ फ़ैज़ पर—वाणी प्रकाशन के लिए। सुना तो है ही—अलग से भी खूब पढ़ा है उन्हें मैंने। अच्छा ठीक है—हाँ, प्रेमकुमार आ गए हैं। आपसे बाद में बात करते हैं फिर।' सोफ़े पर बैठने के बीच दो-तीन बार खाँसा गया है हल्के-हल्के। नज़ले से पीड़ित होने की सूचना दी गई है। और अब बिना किसी भूमिका के, पल की भी देर किए बग़ैर एक नज़्म सुनने की आदेश देती-सी ज़िद की जा रही है। मेरी हाँ-ना की जैसे न उन्हें कोई प्रतीक्षा थी, न ज़रा-सी भी चिंता—'वो लोग बहुत खुशक़िस्मत थे। जो इश्क़ को काम समझते थे। या जो काम से आशिक़ी करते थे।'

चेहरे पर एकदम अलग-सी खुशी और तृप्ति। ओठों पर सुनाते जाने की बेचैन, उतावली-सी एक चाहत—'हम जीते जी, मसरूफ़ रहे। कुछ इश्क़ किया कुछ काम किया।' कई बार दोहराया है इन पंक्तियों को। कुछ इस तरह जैसे आगे का हिस्सा याद न आ रहा हो। पास रखी भारी-भरकम-सी एक किताब उठाकर उसके पन्नों को उलटा-पलटा जा रहा है—'काम इश्क़ के आड़े आता रहा/और इश्क़ से काम उलझता रहा/फिर आख़िर तंग आकर हमने/दोनों को अधूरा छोड़ दिया।' आँखों में दाद

देती-सी दिपदिपाती एक चमक! मुझ पर हुए असर को देखने-जानने को आतुर-प्रतीक्षित-सी उनकी निगाहें। आज के उनके इस सुनाने के आवेश-उल्लास ने मुझे चौंकाया। इस जोश और जज़्बे के साथ तो शहरयार साहब अपने क़रीबियों से एकांत और फ़ुर्सत में भी अपनी ताज़ी से ताज़ी, अच्छी से अच्छी रचना को सुनने के लिए प्रायः नहीं कहते। कभी घर पर या फ़ोन पर सुनाने का मन भी हुआ तो बेहद शांत, शीतल, सहज अंदाज में झिझकते-से कहा जाएगा—'हाँ सुनिए—ये कुछ अशआर हुए!....यह नज़्म हुई! सुनोगे? सुनाएँ? तो सुनिए....।'

—फ़ैज़ साहब की ही है न यह नज़्म

—'बिलाशक—उन्हीं की ही है। कलेक्शन तैयार करने के सिलसिले में आज इसे पढ़ रहा था। कई बार पढ़ा है सुबह से अब तक। बहुत पसंद आई है। बहुत लोगों को सुनाया है आज इसे मैंने।'

चहचहाती-विहँसती-सी उनकी वह उत्फुल्लता। मेरे अंदर यकायक जागा गाता-सा वह भाव—शहरयार जितने कद और रुतबे वाले शायर को अपने अग्रज रचनाकार की रचना पर इस हद तक रीझते देखना—सचमुच एक दुर्लभ, अद्भुत अनुभव तो है। तय है कि शहरयार का ऐसा यह रीझना रचना की किसी बहुत खास-सी ऊँचाई, गहराई, बड़ाई या श्रेष्ठता के बिना तो नहीं ही हो सकता। इसका मतलब—इस श्रेष्ठ रचना को सम्मान देते इस शायर का यह भाव असाधारण है, उसका यह अंदाज़ प्रशंस्य है। और हाँ, एक सम्मानित को एक सम्मान्य के द्वारा सम्मान दिए जाते देखना-सुनना भी तो अविस्मरणीय है। इसीलिए तो इस काल खंड का साक्षी हुआ मैं—फ़ैज़ की इस रचना से शहरयार द्वारा परिचित होता मैं—खुद को एकदम आनंद-पूरित, गर्वित और धन्य-धन्य-सा अनुभव कर रहा हूँ।

—इसके इतने इस पसंद आने की वज़ह?

तीर जैसी तेजी और नुकीलेपन के साथ उत्तर की जगह एक सवाल मेरे कानों से आ टकराया—'क्या आपको अच्छी नहीं लगी?'

सकपकाया-सा मैं उत्तर योग्य शब्द तलाश ही रहा था कि नर्म-मुलायम-सी वह आवाज़ सुनाई दी—'जो आपको अच्छी लगी, वह मुझे लगी....।'

—पर मेरे और आपके अच्छे लगने में तो अंतर होगा न?

—'नहीं—सच्ची शायरी की ख़ूबी यही है कि जो सुनेगा, वो इसी नतीजे पर पहुँचेगा जिस पर मैं पहुँचा हूँ।'

—फिर भी—कुछ भी के पसंद आने की कोई-न-कोई ख़ास वजह तो होती ही है न?

—'देखिए—हम जिस ज़माने में जी रहे हैं वो इश्क़ करने को कोई काम नहीं समझता। आप शायरी करते हैं तो हर आदमी पूछता है कि आप काम क्या करते हैं। गोया शायरी करना कोई काम नहीं है। हाँ—ऐसे ही कोई बेकार चीज़ है वो

जिसका जीने से ताल्लुक़ नहीं या शायरी जीने का ज़रिया ही नहीं हो सकती। इस सवाल पर हमारी कल्चर्ड सोसायटी कभी ग़ौर नहीं करती। आप पेंटर से, तबले या सारंगी वाले से ये नहीं पूछते—पर राइटर से हमेशा ये सवाल किया जाता है कि आप काम क्या करते हैं। पता नहीं हमारे समाज में यह पूछना कब से चला आ रहा है। कोई ग़ौर नहीं करता कि ये कितना एब्सर्ड सवाल है। आप देखिए कि नक़्क़ाद से नहीं पूछेंगे कि आप काम क्या करते हैं—पर क्रिएटिव राइटर से हरेक यही सवाल करता है। जी—हर कोई—चाहे उसका बाप हो या बेटा हो।'

—यह तो है—पर मैं इस नज़्म की...?

मेरा इतना भी बोलना जैसे उन्हें खटका था। झाँई-सी मारती पल-दो पल की एक रुकावट आई। उनकी निगाह ने मेरी आँखों में झाँकते-से जैसे कुछ जाँचा-परखा। और अगले पल तक तो वो एक अध्यापक हो गए थे—'जी—मैं इसी नज़्म के हवाले से बात कह रहा हूँ। फ़ैज़ की ये नज़्म—कि इश्क़ भी एक काम है—और यही नहीं कि इश्क़ अपोज़िट सेक्स से ही हो। किसी भी चीज़ को हासिल करने या उसके हुस्न, ख़ूबसूरती में आदमी का इतना खो जाना कि उसे सुध-बुध न रहे—दीवानों-पागलों की तरह का आदमी का चाहना—इश्क़ है। यह किसी आइडियल से, औरत, मुल्क या राइटर से—किसी से भी हो सकता है। जिसको पाने के लिए आदमी फ़ायदे-नुक़सान से ऊपर हो जाए। जी हाँ—ये ख़ुदा से भी हो सकता है—यानी किसी से भी। ऐसा आदमी हर काम को—रोज़मर्रा के काम को भी—दीवानों की तरह करता है। काम से भी आशिकी। वो जो कहते हैं न कि हर चीज को रिलीजियसली परफॉर्म किया—दुनियावी काम को भी—तो उस तरह करना काम को। फ़ायदे-नुक़सान को सोच कर न करे जब आदमी—अपनी पसंद का है इसलिए पूरा दिल लगाकर करे जब उसे। आप किसी के सामने अकाउंटेबल हों या न हों—अपने सामने ज़रूर हों। अपने सामने अकाउंटेबल तब होता है इंसान जब अपने कांशस को फ़ेस करता है। फ़ेस करने के दौरान जब वह पूछता है कि मुझे जिस काम पर मुक़र्रर किया गया है—टीचर, सैनिक, सिपाही, मिनिस्टर या और जो भी—तो मैंने जो वह काम किया या कर्त्तव्य किया—वह पूरे मन से किया या नहीं। अगर जवाब हाँ में मिलता है तो वो अपनी नज़र से गिरता नहीं है।'

ऐसा कुछ ध्यान आ गया है इस बीच कि मोबाइल पर किसी का नम्बर मिलाने में लग गए हैं—'हाँ, बेटे कहाँ हो? ऐसा करना कि रेलवे स्टेशन आना! वहाँ बुक स्टॉल से—अच्छा, लिख लो नाम—तुम्हें याद नहीं रहेगा।' दो-तीन हिन्दी-उर्दू की पत्रिकाओं के नाम बोले गए हैं। 'हाँ, देख लेना—उनमें हमारा कुछ है—ले आना।' तेज उड़ती-सी उनकी एक निगाह मेरी पेशानी तक आई और बिना पैर टिकाए तुरंत उलटे पंख वापस भी हो गई। शायद जानने आई थी कि इस बीच मेरी मनःस्थिति में कैसा-क्या बदलाव आया है। अनुकूल नहीं लगा होगा उसे शायद कुछ इसीलिए

शहरयार साहब को ज़रा पहले वाली अपनी उस मुद्रा और गति में आने में समय नहीं लगा था—ख़लीलुर्रहमान आज़मी का एक शेर है—'अपना मुशाहिदा नहीं करता सियाहरू। वो देखे आईना कि जो रौशन ज़मीर हो...।' इसीलिए तो—ज़मीर जिसका पाक-साफ़ हो उसे आईना देखने में डर नहीं लगता....।

—जी—दरअसल बात इस नज़्म की ख़ासियत की...?

—'ख़ासियत—यही कि यह जो हमारा दौर है, उसमें इश्क़ करना भूल गए हैं हम। फ़ारसी का एक शेर है—बड़ा मशहूर है। पूरा याद नहीं—पर ये है कि दमिश्क़ में जब क़हर पड़ा तो लोग इश्क़ करना भूल गए। हम लोग जिस ज़माने में ज़िंदा हैं उसमें भी लोग इश्क़ करना भूल गए हैं। मुहब्बत जो है, वो भी एक कारोबार बन गई है। अपना एक शेर याद आ रहा है—'पहले था...—' शेर से पहले। लम्बी-गहरी साँस की उस आवाज़ ने कह दिया था कि मैं अंदर कहीं बहुत गहरे में से आ रही हूँ—'पहले था जो भी, आज मगर कारोबार-ए-इश्क़ दुनिया के कारोबार से मिलता हुआ सा है।'

—लेकिन यह इश्क़ या काम का फ़लसफ़ा—और फ़ैज़ या उनकी वह विचार-धारा?

—'दरअसल फ़ैज़ का जो नज़रिया था—मार्क्सिज़्म का—उन्होंने उसको वो दर्ज़ा दे रखा था जो ज़िंदगी में माशूक़ को हासिल होता है। बड़ा मशहूर शेर है उनका—आपने ज़रूर सुना होगा—'गर बाजी इश्क की बाज़ी है जो चाहे लगा दो डर कैसा। गर जीत गए तो क्या कहना, हारे भी तो बाज़ी मात नहीं।' बड़ी ख़ूबसूरत ग़ज़ल है यह फ़ैज़ की।' गद्गद कंठ। पलक बंद। बिल्कुल ऐसे जैसे कोई गीतकार अपने में खोया-डूबा-सा अपना कोई बहुत प्रिय गीत अपने किसी अज़ीज़-क़रीबी को सुना रहा हो—'कब याद में तेरा साथ नहीं, कब हाथ में तेरा हाथ नहीं। सद शुक्र की अपनी रातों में अब हिज्र की कोई रात नहीं।' पलकों के खुलते ही कलाइयों और उँगलियों ने चलना-घूमना शुरू कर दिया है। किसी काव्यांश की व्याख्या करते अध्यापक की तरह तफ़सील से बताया जा रहा है—'अब दूरी कैसी! हर वक़्त तेरी याद। जब हर वक़्त तेरा हाथ मेरे हाथ में रहता है तो...।'

—इन हिस्सों को आज आपसे सुन रहा हूँ तो कई तरह से अलग-सा असर हो रहा है फ़ैज़ के अंदाज़ और उनके एक-एक शब्द का...।

—'यही तो है! फ़ैज़ बड़े शायरों की तरह से उन शायरों में हैं जो अपने इस्तेमाल किए हुए लफ़्ज़ों पर ऐसी मुहर लगाते हैं कि वो लफ़्ज़ सिर्फ़ उनसे मख़ूसस हो जाते हैं। जैसे पेटेंट करा देते हैं न! ट्रेडमार्क बन जाते हैं न जैसे। तो ग़ालिब के बाद मुख़्तलिफ़ राइटर्स ने बड़ी तादाद में अपनी कहानियों के टाइटिल्स, किताबों के नाम उनके बनाए हुए मुरक्केबात—हाँ, जुड़-मिलकर बने शब्दों—जी, शायद यही जिन्हें आप सामासिक शब्द कह रहे हैं—तो मुरक्केबात पर रखे हैं। जी, जैसे क़ाज़ी अब्दुल

सत्तार का उपन्यास है न—'शब गज़ीदा'। और हाँ—'सफ़ीनए-गम-ए-दिल' है जैसे क़ुर्रतुलऐन का। उन्हीं का 'आखिरे-शब के हमसफ़र' है। आप जानते हैं कि यह जो लफ्ज़ है सहर—वैसे तो सुबह के अर्थ में आता है—पर तरक्की पसंदों—ख़ासतौर से फ़ैज़ के इस्तेमाल से यह किसी चीज़ के पॉज़ीटिव रिज़ल्ट के अर्थ में प्रचलित हुआ और वैसे ही रात निगेटिव के। इससे पहले सहर या रात सिर्फ़ टाइम को ज़ाहिर करते थे।'

—आपकी तो मुलाकातें भी हुई हैं न फ़ैज़ से?

—'हाँ, हाँ, मेरी उनसे बाराहा मुलाकात हुईं। बहुत ही निजी तरह की महफ़िलें। उन मुलाकातों में कभी हिन्दुस्तान-पाकिस्तान की समस्याओं या रिश्तों वग़ैरह पर बातें नहीं हुआ करती थीं। वो यहाँ या वहाँ के मसायलों के बारे में कभी गुफ़्तगू नहीं किया करते थे। वो कहते थे कि हम तो भाई मुहब्बत के सफ़ीर हैं—और इसके अलावा कुछ सोचते नहीं। उनकी पूरी शायरी में भी कोई ऐसी फीलिंग नहीं है जिसमें नफ़रत, जंग की हिमायत, दूरी फैलाने या फ़ासला पैदा करने वाला कुछ हो। ऐसा कुछ दूर-दूर तक वहाँ नहीं है। बांगला देश बनने पर उन्होंने जो ग़ज़ल लिखी थी—उसमें भी बहुत उदासी थी। सोचते थे कि जो हुआ, वो बहुत तकलीफ़देह हुआ। वो सब नहीं होना चाहिए था। पर जो हुआ—उनकी नज़र में उसके कॉज़ेज़ मौजूद थे। एक आम पाकिस्तानी नेशनलिस्ट की हैसियत से वो दुखी थे। मसलन वो लाइन है उनकी—'ख़ून के धब्बे धुलेंगे कितनी बरसातों के बाद।' उसके बरअक्स अहमद फ़राज़ ने नज़्म लिखी है ढाका फ़ॉल पर। वहाँ पाकिस्तानी फौज़ों ने जो सरेंडर किया था उस पर। वो एक फ़ैनेटिक पाकिस्तानी मुसलमान की हैसियत से लिखी नज़्म है। वहाँ फ़राज़ ने फ़ौजियों से कहा है कि किस मुँह से वापस लौटे हो— मर जाते तो अच्छा था। आज की दुनिया में इस तरह की सोच एक सेंसीबल आदमी की नहीं हो सकती। फ़ैज़ में आम पाकिस्तानियों की तरह वो तास्सुब नहीं था। वो यहाँ के कई शायरों को पढ़ते, पसंद करते और मान देते थे। आम पाकिस्तानियों के बरअक्स उन्होंने मख़्दूम, जज़्बी, जाफ़री और मजाज़ को शुरू की अपनी एक किताब डेडीकेट की थी। डेडीकेट करते समय इन चार शायरों में से दो को दस्त-ओ-बाज़ू और दो को उन्होंने क़ल्ब-ओ-जिगर लिखा था।'

—यह भी तो है कि उनके लेखन में कई बार सन् सैंतालीस में मिली उस आज़ादी को लेकर नाखुशी और असंतोष का इज़हार हुआ है। जैसे वो जो उनकी नज़्म है—ये दाग दाग उजाला...।'

बाएँ हाथ ने बढ़कर फ़ैज़ के उस संग्रह को हाथ में थाम लिया है। पृष्ठों के उलटने-पलटने के साथ-साथ जोशीले लहजे में कहना शुरू हुआ है—'जी—ये पार्टीशन पर लिखी थी। बहुत मशहूर हुई।' सुनाना शुरू हो चुका है। साथ ही किताब में उसकी तलाश भी जारी है—'ये दाग़-दाग़ उजाला ये शब गज़ीदा सहर ये वो सहर तो

नहीं/जिसकी आरज़ू लेकर/चले थे यार कि मिल जाएगी कहीं न कहीं/फ़लक के दश्त में तारों की आखिरी मंज़िल/कहीं तो होगा शबे-सुस्त मौज़ का साहिल। कहीं तो जाके रुकेगा सफ़ीना-ए-गमे दिल।' नज़्म तलाश ली गई। गुनगुनाते-से उसे फिर से पढ़ा जा रहा है अपनी एक ख़ास धुन में—आखिरी लाइनें हैं—'अभी गरानि-ए-शब में कमी नहीं आई। निज़ात-ए-दीद-ओ-दिल की घड़ी नहीं आई। चले चलो कि वो मंज़िल अभी नहीं आई।'

नज़्म खत्म हुई तो उनका जो हाथ किताब को मेज से उठाकर लाया था, जल्दी से उसे वहीं वापस पहुँचाने के लिए चल दिया। आख़िरी पंक्ति दो-तीन बार बाआवाज़ पढ़ी गई है। कहीं दूर देखते-सोचते-से कह रहे हैं—'हिन्दुस्तानी और पाकिस्तानी सब इस बात पर ख़ुश थे कि चलो अंग्रेजों से छुटकारा मिला—मगर फ़ैज़ दुखी थे कि ये आज़ादी उनके ख़्वाबों की आज़ादी नहीं थी। पार्टीशन में इंसानियत का जैसे ख़ून हुआ—जैसे वो बँटवारा हुआ—उसने बहुत तकलीफ़ पहुँचाई थी उन्हें। वो पाकिस्तान में रहते थे—तो ज़ाहिर है कि उस हक़ीक़त को क़ुबूल कर लिया था—पर अंदर से खुश नहीं थे।'

—पर बाद में तो सुना गया कि उन्होंने ऐसा कुछ लिखा जिसे भारत-विरोधी कहकर हंगामा खड़ा करने की कोशिशें भी हुईं?

—'नहीं—भारत-विरोध जैसी बात कहकर उसे बेवजह-गैर मुनासिब तूल दिया गया। दरअसल हुआ यह कि सन् पैंसठ की जंग में तमाम पाकिस्तानियों ने इंडिया को बुरा-भला कहा। पाकिस्तानी शायरों ने एंटी-इंडिया नज़्में लिखीं। पाकिस्तानी प्रेस में बहुत एतराज़ किया गया कि फ़ैज़ ने एंटी-इंडिया कुछ नहीं लिखा। तो वहाँ के इनफॉर्मेशन डिपार्टमेंट ने उनका एक मुक्तक रिलीज़ किया कि ये फ़ैज़ ने एंटी-इंडिया लिखा है।' आँखें बंद कर याद करने की कोशिश की है कुछ देर। याद आने में मुश्किल दिखी तो किताब फिर हाथ में आ गई है—'हाँ, ये है वो मुक्तक—'दीद-ए-दर पे वहाँ कौन नज़र करता है। कासा-ए-चश्म में ख़ूनाबे-जिगर लेके चलो। अब अगर जाओ पए-अर्ज़ो-तलब उनके हुज़ूर। दस्तो-कशकोल नहीं कासा-ए-सर लेके चलो।' जी—इस पर धर्मवीर भारती ने 'धर्मयुग' में बहुत सख्त वावैला की थी। आप ख़ुद देखिए कि वो जंग अप्रैल में हुई थी—और ये फ़ैज़ ने जनवरी सन् पैंसठ में लिखा था। ये तारीख़—ये देखिए—उनकी पुस्तक 'सर-ए-वादी-ए-सीना' में छपी है ये तारीख़! प्रोटेस्ट किया था तब भारती ने इसका और लिखा था कि हम ऐसे शायर को हिन्दुस्तान में सराहते हैं। इस बात पर हंगामे की ज़रूरत नहीं थी। ज़ाहिर है कि वो पाकिस्तानी शायर थे। जैसे यहाँ के शायरों को ये हक़ हासिल है कि वो अपने मुल्क पे हक़ समझें, वैसे ही और शायरों-अदीबों को भी तो हक़ है कि वो जैसा देखें, समझें, महसूस करें—लिखें अपने नज़रिए से। लेकिन फ़ैज़ की बाबत वो सब सही नहीं था। भारती ने रिएक्ट करने में बहुत जल्दी

की। जी हाँ—इसीलिए भारती की बात हिन्दुस्तान के आम लोगों की राय नहीं बन पाई। फ़ैज़ के खिलाफ़ वैसी राय क़ायम नहीं की जा सकी। फ़ैज़ पर ये जो सौ साला जश्न पूरी दुनिया में हो रहा है उसमें हिन्दुस्तान किसी से पीछे नहीं है। साहित्य अकादमी और बहुत से इदारे और अंजुमनें बड़े पैमाने पर उन पर प्रोग्राम्स कर रहे हैं। खुद यहाँ अलीगढ़ में—यूनीवर्सिटी में जनवरी में एक बड़ा जलसा हो रहा है जिसमें हिन्दुस्तान से बाहर के बहुत लोग आने वाले हैं—और फ़ैज़ की बेटी सलीमा भी आ रही हैं उसमें।'

उनकी अभिव्यक्ति की रग-रग में से, रेशे-रेशे में से नव्य-अनोखा-सा एक आदर भाव झलक रहा था। आदर का ऐसा एक भाव जो अपने पूर्वजों-वंशजों की श्रेष्ठताओं-ऊँचाइयों को याद करते समय हमें अनायास-अप्रयास श्रद्धा से भर जाता है—गर्वित-आलोकित कर जाता है। मेरे सामने अभी हाल में ही ज्ञानपीठ पुरस्कार से पुरस्कृत हुआ एक शायर था—और फ़ैज़ की शायरी के बारे में उसके अनुभव और उसकी राय से परिचित कराने वाली वो सहज, बेबाक प्रतिक्रियाएँ थीं। तब वह शायर अपनी शायरी की ख़ासियतें बताने-गिनाने की धुन या ज़िद में नहीं था। लग ही नहीं रहा था कि उस शायर को अपने ख़ुद के शायर होने का कोई बोध उन क्षणों में फ़ैज़ की शायरी के मूल्यांकन में ज़रा-सी बाधा पहुँचा रहा है या कोई मुश्किल खड़ी कर रहा है। जैसे तब शहरयार साहब केवल एक सहृदय भर थे, सुबुद्ध एक पाठक या श्रोता भर थे, बहुज्ञ एक बुद्धिजीवी मात्र थे या फिर साहित्य की दुनिया में ख़ूब पैरे-तैरे, डूबे-उतराए एक तटस्थ-ईमानदार समीक्षक हो चले थे। शब्द-शब्द बता रहा था कि मैं बहुत अंदर से आ रहा हूँ और जो कह रहा हूँ मन से—पूरे मन से कह रहा हूँ। जी किया कि फ़ैज़ की शायरी की बड़ाई-ऊँचाई-गहराई को शहरयार साहब के दिल और आँखों से मापूँ-देखूँ—'क्या कुछ होता है वह जिसके होते कोई शायर या उसकी शायरी—हाँ, फ़ैज़ और उनकी शायरी भी—बड़ी हो जाती है—बड़ी मान ली जाती है?'

दो-चार पल भी तो नहीं गुज़रे थे कि सुनाई पड़ा—'मेरा एक तसव्वुर है कि वो शायर या राइटर अहम और बड़ा है जिसको बार-बार पढ़ने को जी चाहे। हर बार जब आप पढ़ें तो वो बिल्कुल नया मालूम हो और ऐसा लगे कि पहले जब हम इस अदीब के पास आए थे तो हम उसकी बहुत-सी खूबियों, बहुत से पहलुओं को देख नहीं पाए थे—और एक नई खुशी और हैरत लेकर वापस लौटें। ये सिलसिला बराबर चलता रहे और हर विज़िट में हमें यही अनुभव हो। इस ऐतबार से आप फ़ैज़ की शायरी को देखिए। फ़ैज़ की शायरी में मुझे ग़ालिब जैसी बड़ाई नज़र आती है।'

—ग़ालिब जैसी—?

—'जी—ग़ालिब जैसी। यूँ और भी ऐसे बड़े शायर हैं जिनकी तरफ़ हम बार-बार जाते हैं, लेकिन बाज़ बाहरी चीजों की वजह से हमारे अंदर उनके सिलसिले

में एक ख़ास ज़ेहन बन जाता है। आमतौर से हम उन्हीं चीज़ों को उनके यहाँ ढूँढ़ने जाते हैं और वही चीजें हमें मिलती हैं बार-बार। उनका रोब तो हम पर पड़ता है और रेसपेक्ट में हमारे सिर झुक जाते हैं—लेकिन ख़ुशी और हैरत नहीं मिलती हमें। इसकी बहुत बड़ी मिसाल उर्दू में इक़बाल हैं—जिनके बड़े होने में कोई शुबहा नहीं—लेकिन वो हमें उस तरह ख़ुश और हैरान नहीं करते जिस तरह ग़ालिब और फ़ैज़ हमें करते हैं। आपने पूछा है न—तो फ़ैज़ और ग़ालिब—दोनों की एक खूबी ये भी है कि इनके स्टाइल और रंग पर इनकी इतनी गहरी छाप है कि अगर उनके रंग में कोई लिखने की कोशिश करे तो फ़ौरन पकड़ा जाता है—और दूर से मालूम हो जाता है कि ये फ़ैज़ का या ये ग़ालिब का शेर है। इसको यूँ भी कहा जा सकता है कि उन्होंने अपने स्टाइल को बिल्कुल एक्ज़ॉस्ट कर दिया है। उससे अब कोई दूसरा कुछ नहीं ले सकता है। उस ज़मीन में जितनी फ़सल पैदा हो सकती थी, उन्होंने उगा ली—काट ली। उनके स्टाइल का जादू इतना चला कि उनके कई कंटेम्परेरीज़—हमउम्र या साथ के जो लोग थे—उन्होंने उनकी तरह की चीज़ें लिखने की कोशिश कीं।—जी-मसलन सरदार जाफ़री—।'

कॉलबेल बजी तो निगाह दरवाज़े की ओर दौड़ी। ओठों ने दरवाज़े के उस तरफ खड़े अदृष्ट को सुनाते-सम्बोधित करते हुए कहा—'खुला है—आ जाइए!' अंदर आए शख़्स को देखा तो दोनों हाथ मैग्ज़ींस थामने को उसकी तरफ़ बढ़ चले। दोनों पत्रिकाएँ उलट-पलटकर जब देखी जा चुकीं तो उनकी दृष्टि ने मेरी ओर को रुख़ किया। ऐसा कुछ कहते—से कि अब और बताओ कि आगे क्या पूछना है तुम्हें!

—फ़ैज़ की प्रसिद्धि के पीछे जितनी जैसी भी हो क्या एक वज़ह उनकी शायरी में उपस्थित राजनीति के हिज्जे-हिस्से भी हैं?

—'जहाँ तक मक़बूलियत का सवाल है—तो वो ख़ास-ओ-आम में जितने मक़बूल हैं, उसकी वजह ये भी है कि वो जेल गए और मार्क्सिस्ट रहे। उनका जेल जाना या लम्बे अरसे तक जेल में रहना और मार्क्सिस्ट होना उनके लिए बहुत फायदेमंद रहा। और जहाँ तक सियासी एलीमेंट की बात है तो वो उनके यहाँ बहुत रूमानी और इश्क़िया अंदाज़ में आया। कई जगह तो उनका इनक़लाब गोश्त और पोस्त का इंसान या माशूक़ मालूम होता है।' बोलना रुका तो देखा कि किताब हाथ में आ चुकी है और उलट-पुलट शुरू हो चुकी है—'मसलन ये शेर देखिए—'कब ठहरेगा दर्द-ए-दिल कब रात बसर होगी। सुनते थे वो आएँगे, सुनते थे सहर होगी। कब जान लहू होगी, कब अश्क गुहर होगा। किस दिन तेरी शुनवाई, ऐ दीद-ए-तर होगी।' या उनका एक और मुक्तक है—। इस जल्दी और चाहत के साथ निकला यह वाक्य कि जैसे कोई शायर अपनी एकदम ताज़ा लिखी रचनाओं में से अधिकाधिक को अपने पास आए अपने किसी साथी-क़रीबी को सुना देना चाह रहा हो—'आ गई फ़स्ले जुनूँ चाक गरीबां वालो। सिल गए होंठ कोई ज़ख़्म सिले या न

मिले। दोस्तो बज़्म सजाओ कि बहार आई है। खिल गए ज़ख़्म कोई फूल खिले या न खिले।' या उनके ये शेर देखिए–। मेरी रुचि जानने की दूर तक न कोई इच्छा, न फ़िक्र–'तेरे ग़म को जां की तलाश थी तेरे जांनिसार चले गए। तेरी रह में करते थे सर तलब सरे–रह गुज़ार चले गए। न रहा जुनूने-रुख़े-वफ़ा ये रसन ये दार करोगे क्या। जिन्हें जुर्मे-इश्क़ पे नाज़ था वो गुनहगार चले गए।'

पता नहीं, अब वो सुनाने के लिए पढ़ रहे हैं या पढ़ने के लिए सुना रहे हैं। पर जो भी चल रहा है, वह बदस्तूर जारी है–'इन शेरों से साफ़ पता चलता है कि इनक़लाब उनके लिए एक रूमान था।' उँगलियाँ रुकीं तो सफ़हात की वह उलट-पुलट थमी। निगाह के उस पन्ने पर टिकते ही आवाज़ में फड़कती-चहकती-सी एक ख़ुशी सुनाई दी–'अच्छा–आख़िर में उनकी एक नज़्म–।' मैंने दोबारा ध्यान से देर तक देखा–शहूरयार साहब के हाथों में अपनी कोई डायरी या अपना कोई संकलन नहीं था। वही किताब थी जिसे बीच-बीच में कई बार फ़ैज़ की बताया गया था। तो दूसरे किसी कवि की कविता को सुनाने की शहूरयार साहब की ऐसी यह आतुरी, उत्सुकता, उमंग और छटपटाती-सी चाहत! और जो भी हो पर यह ज़रूर है कि, वह नज़्म, ऐसी-वैसी कोई साधारण-कमज़ोर नज़्म तो नहीं ही होगी, जिसने शहूरयार साहब को इतनी मज़बूती से अपनी गिरफ़्त में लिया हुआ है–। जी-नज़्म यूँ शुरू होती है–

'तुम्हीं कहो क्या करना है
जब दुख की नदिया में हमने
जीवन की नाव डाली थी
था कितना कस-बल बाँहों में
लोहू में कितनी लाली थी
यूँ लगता था दो हाथ लगे
और नाव पूरम पार लगी
ऐसा न हुआ हर धारे में
कुछ अनदेखी मँझधारें थीं
कुछ मांझी थे अनजान बहुत
कुछ बेपरखी पतवारें थीं
अब जो भी चाहो छान करो
अब जितने चाहो दोस धरो
नदिया तो वही है नाव वही
अब तुम ही कहो क्या करना है,
अब कैसे पार उतरना है।'

जब नज़्म को सुनना शुरू किया था तो मन एकदम अनमना-सा था। बस, ऐसा-सा कि शहरयार साहब के उस मन को रखना था—उनके उस भाव की इज़्ज़त करनी थी। पर यहाँ तक आते-आते लगा कि कविता के सम्मोहन ने मुझे भी अपने घेरे-फंदे में खींच-जकड़ लिया है। शहरयार साहब से ऐसा कुछ पूछने का भी मन हुआ कि क्या इस नज़्म को इतनी इस दिली चाहत, खुशी और हैरानी के साथ आपसे सुनने का सौभाग्य किसी और को भी मिला है—पर नहीं—इस कारण अगर एक भी शब्द अनसुना रह गया तो मिल रहे इस आनंद में खलल भी तो पड़ सकता है न! उस नज़्म से अपने प्रथम परिचय के उन अनमोल क्षणों में मैं खुद को हैरान करती-सी उस खुशी से लेशमात्र भी वंचित नहीं होने देना चाह रहा था। वो थे कि नज़्म में बेजिस्म सर-ओ-पा बहुत गहरे उतरे-रुके से बोले जा रहे थे—

'जब अपनी छाती में हमने
इस देस के घाव देखे थे
था वैदों पर बिसवास बहुत
और याद बहुत से नुस्खे थे
यूँ लगता था बस कुछ दिन में
सारी बिपता कट जाएगी
और सब घाव भर जाएँगे
ऐसा न हुआ कि रोग अपने
कुछ इतने ढेर पुराने थे
वैद उनकी टोह को पा न सके
और टोटके सब बेकार गए
अब जो भी चाहो छान करो
अब जितने चाहो दोस धरो
छाती तो वही है घाव वही
अब तुम ही कहो क्या करना है
ये घाव कैसे भरना है।'

कुछ तो हुआ ही था कि मैं कुछ ऐसे वाह-वाह-सा कर उठा था जैसे मुझे शहरयार साहब नहीं खुद फ़ैज़ ही अपनी नज़्म सुना रहे हों! इस ख़याल के आते ही याद आया कि हाँ—बहुत लोग कहते हैं कि शहरयार भी तो फ़ैज़ की तरह ही पढ़ते हैं। शहरयार कई बार बता चुके हैं कि फ़ैज़ अच्छी तरह नहीं पढ़ पाते थे अपनी ग़ज़लें, अपनी नज़्में। तो—इसका मतलब—! मेरी आँखों में से झाँकते चकित-से उस आह्लाद को शहरयार की निगाहों ने शायद भाँप-जान लिया है—'नहीं—इस तरह की नज़्में उनके पास बहुत कम हैं। उनके डिक्शन पर सजावट और आराइश का बहुत

असर है। इसलिए फ़ारसीआमेज़ ज़बान उनकी नज़्मों में बहुत नज़र आती है। अलबत्ता ग़ज़लें निस्बतन सहज ज़बान में हैं और वो सहल इसलिए भी लगने लगी हैं कि बहुत गाई गई हैं। बार-बार सुनने से कान उससे मानूस हो गए हैं। तो वो बहुत आसान लगने लगी हैं....।'

—यह बिलावज़ह तो नहीं ही होगा कि इस समय मुझे नज़ीर याद आ रहे हैं। आपको क्या कुछ ऐसा लगता है कि नज़ीर और फ़ैज़....?

—'नहीं फ़ैज़ से नज़ीर की तुलना तो ठीक नहीं है। जहाँ तक नज़ीर का सवाल है, उन्होंने बहुत अवामी ज़बान इस्तेमाल की। इसलिए कि जो उनका कंटेंट था वो भी आम आदमी की प्रॉबलम्स से—ज़िंदगी से लिया गया था। और उर्दू का जो आम स्टाइल था उससे वो बहुत अलग था। इसीलिए बहुत दिनों तक उर्दू वालों ने उन्हें शायरी में वो दर्जा नहीं दिया जो उनको बीसवीं सदी में मिला। ख़ासतौर से तब जब प्रोग्रेसिव मूवमेंट का दौर चला। तब आम आदमी को अदब में जगह मिली तो नज़ीर को भी अदब में जगह मिल गई। अब भी बहुत से लोग उनको बड़े शायरों में शुमार नहीं करते। जी—फ़ैज़ से कंपेरीज़न इसलिए ठीक नहीं कि फ़ैज उर्दू की आम ट्रेडीशन से जुड़े हैं। उससे—वो जो आम चलन था—वो जो सोफ़स्टीकेटिड लैंगुएज होती है जिसमें तसन्नो-तकल्लुफ़ और सजावट का एलीमेंट ज़्यादा है। यहाँ यह एक और बात भी हमें ध्यान में रखनी चाहिए कि वो शायर और राइटर—जिनकी मादरी ज़बान उर्दू नहीं थी—उनके जो अदबी क्रिएशंस हैं—उनकी ज़बान एक ख़ास तरह की बोलचाल की ज़बान से थोड़ी दूर ही रहती है। जी—जैसे एक्वायर्ड लैंगुएज़ होती है न। फ़ैज़ की मादरी ज़बान पंजाबी थी। पंजाबी में—ज़्यादा नहीं—मगर उन्होंने शायरी भी की है।'

—ऐसे और भी तो शायर हैं कई?

—'हाँ-राशिद हैं! नासिर काज़मी, इब्ने इंशा—बहुत लोग हैं। कृश्नचंदर, बेदी, मंटो हैं। इनमें किसी की मादरी ज़बान उर्दू नहीं थी। इसलिए यू. पी., बिहार के राइटर्स के मुकाबले में इनकी ज़बान थोड़ी अलग होती है। इसका एक फ़ायदा इन लोगों को ये हुआ कि इन लोगों ने उर्दू वाले इलाक़े के अदीबों के मुक़ाबले में ज़्यादा मेहनत की और ज़्यादा पढ़ा। इसलिए इनके यहाँ निस्बतन यू. पी. वालों के डेप्थ ज़्यादा हैं। जी—मजाज़, सरदार जाफ़री, जांनिसार अख़्तर आदि के मुक़ाबले में आप यह देख सकते हैं।'

—देशों-भाषाओं की बंदिशों—सीमाओं के परे और पार—फ़ैज़ को यह जो महत्व, मुक़ाम और मान हासिल है—उसे लेकर कैसे और क्या सोचते हैं आप?

—'साफ़ है कि फ़ैज़ बड़े शायर हैं। इसलिए बड़े शायर हैं कि इनका डिक्शन भी अलग है और क्वालिटी व क्वांटिटी—दोनों के ऐतबार से बड़ाई का एलीमेंट फ़ैज़ के यहाँ बहुत ज़्यादा है। क्वालिटी के साथ क्वांटिटी भी इंपोर्टेंट है। और

हिन्दुस्तानी-पाकिस्तानी शायरों के मामले पर यह बात बहुत ग़ौरतलब है कि उर्दू अदब के बारे में ग़ौर करते समय हम कभी पाकिस्तानी अदब को पाकिस्तानी नहीं समझते—उसे उर्दू का अदब समझते हैं। वो हमें अपना नहीं समझते, लेकिन हम उन्हें अपना समझते हैं। जिस तरह अंग्रेज़ अमेरिकन अदब को अलग से तसव्वुर नहीं करते—उन्हें वो अंग्रेज़ी राइटर ही समझते हैं—पर अमेरिकन अपने लिट्रेचर को अलग समझते—रखते हैं। पाकिस्तानी जब अपने अदब को पाकिस्तानी पर्सपेक्टिव में देखते हैं तो बहुत बड़ा महसूस करते हैं अपने को। पर अगर वो उसे पूरे अदब के पर्सपेक्टिव में देखें तो सही हैसियत उन्हें मालूम हो—'बुलंद हो तो खुले तुझपे राज़ पस्ती का— ।'

प्रेम कुमार
कृष्णाधाम कॉलोनी
आगरा रोड, अलीगढ़ (उ. प्र.)

मताए-लौहो-क़लम[1] छिन गई तो क्या ग़म है
कि ख़ूने-दिल में डुबो ली हैं उँगलियाँ हम ने
ज़बाँ पे मोहर लगी है तो क्या कि रख दी है
हर एक हल्क़ए-ज़ंजीर[2] में ज़बाँ मैंने।

1. क़लम-तख़्ती की पूँजी, 2. ज़ंजीर की कड़ी।

ख़ुदा वो वक़्त न लाए.....

ख़ुदा वो वक़्त न लाए कि सोगवार हो तू
सुकूँ की नींद तुझे भी हराम हो जाए
तेरी मसर्रते-पैहम[1] तमाम हो जाए
तेरी हयात तुझे तल्ख़ जाम हो जाए
ग़मों से आइनए-दिल गुदाज़ हो तेरा।

हुजूमे-यास[2] से बेताब होके रह जाए
वफ़ूरे-दर्द[3] से सीमाब[4] हो के रह जाए
तेरा शबाब फ़क़त ख़्वाब हो के रह जाए
गुरूरे-हुस्न सरापा नेयाज़ हो तेरा

तवील रातों में तू भी क़रार को तरसे
तेरी निगाह किसी ग़म गुसार को तरसे
ख़िज़ाँ-रसीदा तमन्ना बहार को तरसे
कोई जबीं[5] न तेरे संगे-आस्ताँ[6] पे झुके।

---

1. लगातार सुख, 2. मायूसियाँ, 3. दर्द की बहुतात, 4. पारा, 5. माथा, 6. चौखट।

कि जिन्से-इज़्ज़ो-अक़ीदत से तुझ को शाद करे
फ़रेबे-वादए-फ़र्दा पे एतमाद करे
ख़ुदा वो वक़्त न लाए कि तुझ को याद आए
वो दिल कि तेरे लिए बेक़रार अब भी है
वो आँख जिसको तेरा इन्तज़ार अब भी है।

वक़्फ़े-हिरमानो-यास[1] रहता है
दिल है, अक्सर उदास रहता है
तुम तो ग़म दे के भूल जाते हो
मुझको एहसाँ का पास रहता है।

फ़िज़ाए-दिल पे उदासी बिखरती जाती है
फ़सुर्दगी[2] है कि जाँ तक उतरती जाती है
फ़रेबे-ज़ीस्त से क़ुदरत का मुद्दआ[3] मालूम
ये होश है कि जवानी गुज़रती जाती है।

---

1. मायूसी में व्यस्त, 2. उदासी, 3. अर्थ।

मेरे नदीम

ख़यालो-शेर की दुनिया में जान थी जिन से
फ़िज़ाए-फ़िक्रो-अमल अरग़वान[1] थी जिन से
वो जिन के नूर से शादाब थे महो-अन्जुम
जुनूने-इश्क़ की हिम्मत जवान थी जिन से
वो आरजूएं कहाँ सो गई हैं मेरे नदीम

वो नासुबूर निगाहें, वो मुन्तज़िर राहें
वो पासे-ज़ब्त से दिल में दबी हुई आहें
वो इन्तज़ार की रातें, तवील तीर-ओ-तार[2]
वो नीम ख़्वाब शबिस्ताँ, वो मख़मलीं बाहें
कहानियाँ थीं, कहीं खो गई हैं मेरे नदीम

1. लाल, 2. अँधेरी।

मुझ से पहली सी मुहब्बत मेरे महबूब न मांग

मुझ से पहली सी मुहब्बत मेरे महबूब न मांग
मैंने समझा था कि तू है तो दरख़्शाँ[1] है हयात
तेरा ग़म है तो ग़मे-दह्र[2] का झगड़ा क्या है
तेरी सूरत से है आलम में बहारों को सबात[3]
तेरी आँखों के सिवा दुनिया में रक्खा क्या है?

तू जो मिल जाए तो तक़्दीर निगूँ[4] हो जाए
यूँ न था मैंने फ़क़त चाहा था यूँ हो जाए
और भी दुख हैं जमाने में मुहब्बत के सिवा
राहतें और भी हैं वस्ल की राहत के सिवा
अनगिनत सदियों के तारीक बहीमाना[5] तिलिस्म
रेशमो-अतलसो-कमख़ाब में बुनवाए हुए
जा-ब-जा बिकते हुए कूचओ-बाज़ार में हम
खाक में लुथड़े हुए ख़ून में नहलाए हुए

लौट जाती है उधर को भी नज़र क्या कीजे
अब भी दिलकश है तेरा हुस्न मगर क्या कीजे
और भी दुख हैं ज़माने में मुहब्बत के सिवा
राहतें और भी हैं वस्ल की राहत के सिवा
मुझ से पहली सी मुहब्बत मेरे महबूब न मांग

---

1. चमकदार, 2. दुनिया के ग़म, 3. मज़बूती, 4. उल्टी, 5. हैवानियत।

बोल...

बोल, कि लब आज़ाद हैं तेरे
बोल, ज़बाँ अब तक तेरी है
तेरा सुतवाँ जिस्म है तेरा
बोल, कि जाँ अब तक तेरी है
देख कि आहनगर की दुकाँ में
तुन्द हैं शोले, सुर्ख़ है आहन
खुलने लगे क़ुफ़्लों के दहाने
फैला हर इक ज़ंजीर का दामन
बोल, ये थोड़ा वक़्त बहुत है
जिस्मो-ज़बाँ की मौत से पहले
बोल, कि सच ज़िन्दा है अब तक
बोल, जो कुछ कहना है कह ले

रक़ीब[1] से!

आ कि वाबस्ता हैं उस हुस्न की यादें तुझ से
जिस ने इस दिल को परी-ख़ाना बना रक्खा था
जिस की उल्फ़त में भुला रक्खी थी दुनिया हम ने
दह्र[2] को दह्र का अफ़्साना बना रक्खा था

आश्ना हैं तेरे क़दमों से वो राहें जिन पर
उस की मदहोश जवानी ने इनायत की है
कारवाँ गुज़रे हैं जिन से उसी रानाई[3] के
जिस की इन आँखों ने वेसूद इबादत की है

1. दुश्मन, 2. दुनिया, 3. जवानी।

तुझ से खेली हैं वो महबूब हवाएं जिन में
उस के मल्बूस[1] की अफ़सुर्दा महक बाक़ी है
तुझ पे भी बरसा है उस बाम से महताब[2] का नूर
जिस में बीती हुई रातों की कसक बाक़ी है।

तूने देखी है वो पेशानी[3], वो रुख़्सार[4] वो होंठ
ज़िंदगी जिनके तसव्वुर में लुटा दी हम ने
तुझ पे उट्ठी हैं वो खोई हुई साहिर[5] आँखें
तुझ को मालूम है, क्यों उम्र गँवा दी हम ने।

हम पे मुश्तरका[6] हैं एहसान ग़मे-उल्फ़त के
इतने एहसान कि गिनवाऊँ तो गिनवा न सकूँ
हम ने इस इश्क़ में क्या खोया है, क्या सीखा है
जुज़ तेरे और को समझाऊँ तो समझा न सकूँ।

---

1. वस्त्र, 2. चाँद, 3. माथा, 4. गाल, 5. जादू, 6. बराबर, एक जैसे।

आजिज़ी सीखी, ग़रीबों की हिमायत सीखी
यासो-हिरमान के, दुख-दर्द के मानी सीखे
ज़ेर-दस्तों[1] के मसायब[2] को समझना सीखा
सर्द आहों के, रुखे-ज़र्द[3] के मानी सीखे।

जब कहीं बैठ के रोते हैं वो बेकस जिन के
अश्क आँखों में बिलखते हुए सो जाते हैं
नातवानों के निवालों पे झपटते हैं अक़ाब[4]
बाज़ू[5] तोले हुए मंडलाते हुए आते हैं।

जब कभी बिकता है बाज़ार में मज़दूर का गोश्त
शाहराहों पे ग़रीबों का लहू बहता है
आग सी सीने में रह-रह के उबलती है न पूछ
अपने दिल पर मुझे क़ाबू ही नहीं रहता है।

---

1. ग़रीबों, 2. दुख, 3. पीला चेहरा, 4. शिकारी परन्दा, 5. पंख।

तन्हाई

फिर कोई आया दिले-ज़ार! नहीं कोई नहीं
राह-रौ होगा, कहीं और चला जाएगा
ढल चुकी रात, बिखरने लगा तारों का गुबार
लड़खड़ाने लगे एवानों[1] में ख़्वाबीदा चिराग़
सो गई रास्ता तक-तक के हर इक राह गुज़र
अजनबी ख़ाक़ ने धुंधला दिए क़दमों के सुराग़
गुल करो शम्एं, बढ़ा दो मयो-मीनाओ-अयाग़[2]
अपने बे-ख़्वाब किवाड़ों को मुक़फ़्फ़ल[3] कर लो
अब यहाँ कोई नहीं, कोई नहीं आएगा।

---

1. मकानों, 2. शराब, सुराही, प्याला, 3. ताला लगाना।

चन्द रोज़ और मेरी जान

चन्द रोज़ और मेरी जान! फ़क़त चन्द ही रोज़
जुल्म की छाँव में दम लेने पे मजबूर हैं हम

और कुछ देर सितम सह लें, तड़प लें रो लें
अपने अजदाद[1] की मीरास है माज़ूर[2] हैं हम

जिस्म पर क़ैद है, जज़्बात पे जंजीरें हैं
फ़िक्र महबूस[3] है, गुफ़्तार पे ताज़ीरें[4] हैं
अपनी हिम्मत है कि हम फिर भी जिये जाते हैं

ज़िन्दगी क्या किसी मुफ़लिस की क़बा है जिसमें
हर घड़ी दर्द के पैवन्द लगे जाते हैं
लेकिन अब जुल्म की मेयाद के दिन थोड़े हैं
इक ज़रा सब्र, कि फ़रियाद के दिन थोड़े हैं।

---

1. पुरखे, 2. मजबूर, 3. बन्दी बनाया गया, 4. सज़ा।

अर्सए-दहर की झुल्सी हुई वीरानी में
हम को रहना है ये यूँ ही तो नहीं रहना है
अजनबी हाथों का बेनाम गराँबार सितम
आज सहना है, हमेशा तो नहीं सहना है

ये तेरे हुस्न से लिपटी हुई आलाम की गर्द
अपनी दो रोज़ा जवानी की शिकस्तों का शुमार
चाँदनी रातों का बेकार दहकता हुआ दर्द
दिल की बेसूद तड़प, जिस्म की मायूस पुकार
चन्द रोज़ और मेरी जान! फ़क़त चन्द ही रोज़।

मर्गे-सोज़े-मुहब्बत[1]

आओ कि मार्गे-सोज़े मुहब्बत मनाएं हम
आओ कि हुस्ने-माह से दिल को जलाएं हम

खुश हों फिराक़े-क़ामतो-रुख़्सारे-यार[2] से
सर्वो-गुलो-समन[3] से नज़र को सताएं हम

वीरानिए-हयात को वीरान-तर करें
ले नासेह[4] आज तेरा कहा जान जाएं हम

फिर ओट लेके दामने-अब्रे-बहार की
दिल को मनाएं हम कभी आँसू बहाएं हम

सुल्झाएं बेदिली से ये उल्झे हुए सवाल
वाँ जाएं या न जाएं, न जाएं कि जाएं हम

फिर दिल को पासे-ज़ब्त की तल्क़ीन[5] कर सकें
और इम्तहाने-ज़ब्त से फिर जी चुराएं हम

आओ कि आज ख़त्म हुई दास्ताने-इश्क़
अब ख़त्मे-आशिक़ी के फ़साने सुनाएं हम।

---

1. प्रेम की ज्वाला का अन्त, 2. प्रेमिका के ख़ूबसूरत क़द और गालों से जुदाई, 3. ख़ूबसूरत लम्बा पेड़ और फूल, 4. नसीहत करने वाला, 5. समझाना।

मौज़ूए-सुख़न[1]

गुल हुई जाती है अफ़्सुर्दा सुलगती हुई शाम
धुल के निकलेगी अभी चश्मए-महताब से रात
और मुश्ताक़ निगाहों की सुनी जाएगी
और उन हाथों से मस होंगे ये तरसे हुए हाथ

उनका आँचल है, कि रुख़्सार, कि पैराहन है
कुछ तो है जिस से हुई जाती है चिलमन रंगीं
जाने उस ज़ुल्फ़ की मौहूम घनी छाँव में
टिमटिमाता है वो आवोज़ा[2] अभी तक कि नहीं

आज फिर हुस्ने-दिल-आरा[3] की वही धज होगी
वही ख़्वाबीदा सी आँखें, वही काजल की लकीर
रंगे-रुख़्सार पे हल्का सा वो ग़ाज़े[4] का गुबार
संदली हाथ पे धुँधली सी हिना की तहरीर

1. कविता का विषय, 2. बुन्दा, 3. प्रमिका, 4. सुर्ख़ी, पाउडर।

अपने अफ़कार की, अशआर की दुनिया है यही
जाने-मज़मूँ है यही, शाहिदे-माना[1] है यही

आज तक सुर्ख़ो-सियह सदियों के साये के तले
आदमो-हव्वा की औलाद पे क्या गुज़री है
मौत और ज़ीस्त की रोज़ाना सफ़-आराई[2] में
हम पे क्या गुज़रेगी, अजदाद पे क्या गुज़री है

इन दमकते हुए शहरों की फ़रावाँ[3] मख़्लूक़
क्यों फ़क़त मरने की हसरत में जिया करती है
ये हसीं खेत, फटा पड़ता है जोबन जिन का
किस लिए इन में, फ़क़त नींद उगा करती है।

ये हर इक सम्त पुर-असरार[4] कड़ी दीवारें
जल-बुझे जिन में हज़ारों की जवानी के चिराग़
ये हर इक गाम[5] पे उन ख़्वाबों की मक़्तल गाहें
जिन के परतौ[3] से चिराग़ाँ हैं हज़ारों के दिमाग़

1. अर्थो का गवाह, 2. लड़ाई, 3. अधिक, राजों से भरी, 5. क़दम।

ये भी हैं, ऐसे कई और भी मज़मूँ होंगे
लेकिन उस शोख़ के आहिस्ता से खुलते हुए होंठ
हाए उस जिस्म के कमबख़्त दिल-आवेज़ ख़ुतूत
आप ही कहिए, कहीं ऐसे भी अफ़्सूँ होंगे

अपना मौज़ूए-सुख़न इन के सिवा और नहीं
तब्ए-शायर का वतन इन के सिवा और नहीं।

रात यूँ दिल में तेरी खोई हुई याद आई
जैसे वीराने में चुपके से बहार आ जाए
जैसे सहराओं में हौले से चले बादे-नसीम
जैसे बीमार को बे वजूह क़रार आ जाए।

अपने इनआमे-हुस्न के बदले
हम तही-दामनों से क्या लेना!
आज फ़ुरक़त-ज़दों पे लुत्फ़ करो
फिर कभी सब्र आज़मा लेना।

मेरे हमदम, मेरे दोस्त

गर मुझे इसका यक़ीं हो मेरे हमदम, मेरे दोस्त
गर मुझे इसका यक़ीं हो कि तेरे दिल की थकन
तेरी आँखों की उदासी तेरे सीने की जलन
मेरी दिलजोई, मेरे प्यार से मिट जाएगी

गर मेरा हर्फ़े-तसल्ली वो दवा हो जिस से
जी उठे फिर तेरा उजड़ा हुआ बेनूर दिमाग़
तेरी पेशानी से ढल जाएं ये तज़लील के दाग़
तेरी बीमार जवानी को शिफ़ा हो जाए

गर मुझे इस का यक़ीं हो मेरे हमदम मेरे दोस्त
रोज़ो-शब, शामो-सहर में तुझे बहलाता हूँ
मैं तुझे गीत सुनाता रहूँ, हल्के, शीरीं।

आवशारों के, बहारों के, चमन-ज़ारों के
आमदे-सुब्ह के, महताब के, सय्यारों के
तुझ से मैं हुस्नो-मुहब्बत की हिकायात कहूँ
कैसे मग़रूर हसीनाओं के बर्फ़ाब से जिस्म
गर्म हाथों की हरारत में पिघल जाते हैं
कैसे इक चेहरे के ठहरे हुए मानूस नुक़ूश
देखते-देखते यक लख़्त बदल जाते हैं
किस तरह आरिज़े-महबूब के शफ़्फ़ाफ़ बिलौर[1]
यकबयक बादए-अहमर[2] से दहक जाता है
कैसे गुलचीं[3] के लिए झुकती है ख़ुद शाख़े-गुलाब
किस तरह रात का ऐवान महक जाता है
यूँ ही गाता रहूँ, गाता रहूँ तेरी ख़ातिर
गीत बुनता रहूँ, बैठा रहूँ तेरी ख़ातिर

---

1. सफ़ेद पारदर्शी धातु, 2. लाल शराब, 3. फूल तोड़ने वाला।

पर मेरे गीत तेरे दुख का मदावा ही नहीं

नग़मा जर्राह नहीं, मूनिसो-ग़म-ख़्वार सही
गीत नश्तर तो नहीं, मरहमे-आज़ार सही
तेरे आज़ार का चारा नहीं, नश्तर के सिवा
और ये सफ़्फ़ाक मसीहा मेरे क़ब्ज़े में नहीं
इस जहाँ के किसी जी-रुह के क़ब्ज़े में नहीं

हाँ मगर तेरे सिवा, तेरे सिवा, तेरे सिवा

---

1. जानदार।

सुब्हे-आज़ादी

(अगस्त 1947 ई.)

ये दाग़-दाग़ उजाला ये शब गज़ीदा सहर
वो इन्तज़ार था जिसका, ये वो सहर तो नहीं
ये वो सहर तो नहीं जिसकी आरज़ू लेकर
चले थे यार कि मिल जाएगी कहीं न कहीं
फ़लक के दश्त में तारों की आख़िरी मंज़िल
कहीं तो होगा शबे-सुस्त मौज का साहिल
कहीं तो जाके रुकेगा सफ़ीनए-ग़मे-दिल
जवाँ लहू की पुर-असरार शाहराहों से
चले जो यार तो दामन पे कितने हाथ पड़े
दयारे-हुस्न की बेसब्र ख़्वाबगाहों से
पुकारती रहीं बाहें, बदन बुलाते रहे
बहुत अज़ीज़ थी लेकिन रुख़े-सहर की लगन
बहुत करीं था हसीनाने-नूर का दामन
सुबक-सुबक थी तमन्ना, दबी-दबी थी थकन

सुना है हो भी चुका है फ़िराक़े ज़ुल्मतो-नूर
सुना है हो भी चुका है विसाले-मंज़िलो-गाम
बदल चुका है बहुत अहले-दर्द का दस्तूर
निशाते-वस्ल हलालो-अज़ाबे-हिज्र हराम[1]

जिगर की आग, नज़र की उमंग, दिल की जलन
किसी पे चारए-हिज्राँ का कुछ असर ही नहीं
कहाँ से आई निगारे-सबा किधर को गई
अभी चिराग़े-सरे-रह को कुछ ख़बर ही नहीं
अभी गरानिए-शब में कमी नहीं आई
नजाते-दीदओ-दिल की घड़ी नहीं आई
चले चलो कि वो मंज़िल अभी नहीं आई

1. मिलन की ख़ुशी अच्छी है और बिछड़ने का दुख बुरा है।

❁

तेरा जमाल निगाहों में लेके उठा हूँ
निखर गई है फ़िज़ा तेरे पैरहन की सी
नसीम तेरे शबिस्ताँ से होके आई है
मेरी सहर में महक है तेरे बदन की सी

❁

रात ढलने लगी है सीनों में
आग सुलगाओ आबगीनों[1] में
दिले-उश्शाक़[2] की ख़बर लेना
फूल खिलते हैं इन महीनों में

1. शीशा, प्रेमी का दिल।

तुम आए हो न शबे-इन्तज़ार गुज़री है
तलाश में है सहर, बार-बार गुज़री है।

जनूँ में जितनी भी गुज़री ब-कार गुज़री है
अगर चे दिल पे ख़राबी हज़ार गुज़री है।

हुई है हज़रते-नासेह से गुफ़्तगू जिस शब
वो शब ज़रूर सरे-कूए-यार गुज़री है।

वो बात सारे फ़साने में जिसका ज़िक्र न था
वो बात उन को बहुत नागवार गुज़री है।

न गुल खिले हैं, न उन से मिले, न मय पी है
अजीब रंग में अब के बहार गुज़री है।

चमन पे ग़ारते-गुलचीं से जाने क्या गुज़री
क़फ़स से आज सबा बेक़रार गुज़री है।

तुम्हारी याद के जब ज़ख़्म भरने लगते हैं
किसी बहाने तुम्हें याद करने लगते हैं।

हदीसे-यार के उन्वाँ निखरने लगते हैं
तो हर हरीम में गेसू संवरने लगते हैं।

हर अजनबी हमें महरम दिखाई देता है
जो अब भी तेरी गली से गुजरने लगते हैं।

सबा से करते हैं गुरबत-नसीब ज़िक्रे-वतन
तो चश्मे-सुब्ह में आँसू उभरने लगते हैं।

वो जब भी करते हैं इन नुत्क़ो-लब की बख़ियागरी[1]
क़फ़स में और भी नग़्मे बिखरने लगते हैं।

दरे-क़फ़स में अंधेरे की मोहर लगती है
तो फ़ैज़ दिल में सितारे उतरने लगते हैं।

---

1. होंठों को सी देना, बोलने पर प्रतिबंध लगाना।

❀

रंग पैराहन का, ख़ुशबू ज़ुल्फ़ लहराने का नाम
मौसमे-गुल है तुम्हारे बाम पर आने का नाम।

दोस्तो! उस चश्मो-लब की कुछ कहो जिस के बग़ैर
गुलसिताँ की बात रंगीं है, न मयख़ाने का नाम।

फिर नज़र में फूल महके, दिल में फिर शम्एं जलीं
फिर तसव्वुर ने लिया उस बज़्म में जाने का नाम।

❀

दिलबरी ठहरा ज़बाने-ख़ल्क़ खुलवाने का नाम
अब नहीं लेते परी-रु[1] ज़ुल्फ़ बिखराने का नाम।

अब किसी लैला को भी इक़रारे-महबूबी नहीं
इन दिनों बदनाम है हर एक दीवाने का नाम।

हम से कहते हैं चमन वाले, ग़रीबाने-चमन
तुम कोई अच्छा सा रख लो अपने दीवाने का नाम।

फ़ैज़ उन को है तक़ाज़ाए-वफ़ा हम से जिन्हें
आश्ना के नाम से प्यारा है बेगाने का नाम।

---

1. सुंदरा

निसार मैं तेरी गलियों के....

निसार मैं तेरी गलियों के ऐ वतन कि जहाँ
चली है रस्म कि कोई न सर उठा के चले
जो कोई चाहने वाला तवाफ़ को निकले
नज़र चुरा के चले, जिस्मो-जाँ बचा के चले

है अह्ले दिल के लिए अब ये नज़्मे-बस्तो-कशाद[1]
कि संगो-ख़िश्त[2] मुकय्यद[3] हैं और सग[4] आज़ाद

बहुत है ज़ुल्म के दस्ते-बहाना-जू[5] के लिए
कि चन्द अह्ले-जुनूँ तेरे नाम लेवा हैं
बने हैं अह्ले-हवस मुद्दई भी, मुन्सिफ़ भी
किसे वकील करें, किस से मुन्सिफ़ी चाहें

मगर गुज़ारने वालों के दिन गुज़रते हैं
तेरे फिराक़ में यूँ सुब्हो-शाम करते हैं।

---

1. खुलने और बन्द होने का प्रबन्ध, 2. ईंट-पत्थर, 3., क़ैद, 4. कुत्ते, 5. बहाना ढूँढ़ने वाला।

बुझा जो रौज़ने-जिंदाँ तो दिल ये समझा है
कि तेरी माँग सितारों से भर गई होगी
चमक उठे हैं सलासल[1] तो हमने जाना है
कि अब सहर तेरे रुख़ पर बिखर गई होगी
ग़रज़ तसव्वुरे-शामो-सहर में जीते हैं
गिरफ़्ते-सायए-दीवारो-दर में जीते हैं

युँही हमेशा उलझती रही है ज़ुल्म से ख़ल्क़
न उन की रस्म नई है, न अपनी रीत नई
युँही हमेशा खिलाए हैं हम ने आग में फूल
न उनकी हार नई है न अपनी जीत नई
इसी सबब से फ़लक का गिला नहीं करते
तेरे फ़िराक में हम दिल बुरा नहीं करते

गर आज तुझ से जुदा हैं तो कल बहम होंगे
ये रात भर की जुदाई तो कोई बात नहीं
गर आज औज[2] पे है तालए-रक़ीब[3] तो क्या
ये चार दिन की खुदाई तो कोई बात नहीं
जो तुझ से अहदे-वफ़ा उस्तवार करते हैं
इलाजे-गर्दिशे-लैलो-नेहार[4] करते हैं।

---

1. जंजीर, बेड़ियाँ, बुलंदी, 3. दुश्मन का भाग्य, 4. रात-दिन की गर्दिश का इलाज।

आए कुछ अब्र, कुछ शराब आए
इसके बाद आए जो अज़ाब आए।

बामे-मीना से माहताब उतरे
दस्ते-साक़ी में आफ़ताब आए।

हर रगे-ख़ूँ में फिर चिराग़ाँ हो
सामने फिर वो बेनक़ाब आए।

कर रहा था ग़मे-जहाँ का हिसाब
आज तुम याद बेहिसाब आए।

न गई तेरे ग़म की सरदारी
दिल में यूँ रोज़ इन्क़लाब आए।

फ़ैज़ थी राह सर-ब-सर मंज़िल
हम जहाँ पहुँचे, कामियाब आए।

ऐ रोशनियों के शहर

सब्ज़ा-सब्ज़ा सूख रही है फीकी, ज़र्द दोपहर
दीवारों को चाट रहा है तन्हाई का ज़हर
दूर उफ़क़ तक घटती-बढ़ती, उठती-गिरती रहती है
कोहर की सूरत बे-रौनक़ दर्दों की गदली लहर
बसता है उस कोहर के पीछे रोशनियों का शहर

ऐ रोशनियों के शहर!

कौन कहे, किस सम्त है तेरी रोशनियों की राह
हर जानिब बेनूर खड़ी है हिज्र की शहर-पनाह
थक कर हर सू बैठ रही है शौक़ की मांद सियाह

आज मेरा दिल फ़िक्र में है
ऐ रोशनियों के शहर

शबख़ूँ से मुँह फेर न जाए अरमानों की रौ
ख़ैर हो तेरी लैलाओं की उन सब से कह दो
आज की शब जब दिये जलाएं ऊँची रक्खें लौ

दरीचा

गड़ी हैं कितनी सलीबें मेरे दरीचे में
हर एक अपने मसीहा के ख़ूँ का रंग लिए
हर एक वस्ले-खुदावन्द की उमंग लिए

किसी पे करते हैं अब्रे-बहार को क़ुरबान
किसी पे क़त्ल महे-ताबनाक करते हैं
किसी पे होती है सरमस्त शाख़सारे–दोनीम[1]
किसी पे बादे-सबा को हलाक करते हैं

हर आए दिन में ख़ुदा वन्दगाने-मेह्रो-जमाल
लहू में ग़र्क़ मेरे ग़म-कदे में आते हैं
और आए दिन मेरी नज़रों के सामने उनके
शहीद जिस्म सलामत उठाए जाते हैं

---

1. दो टहनियों वाली डाली।

कोई आशिक़ किसी महबूबा से

याद की राह गुज़र जिस पे इसी सूरत से
मुद्दतें बीत गई हैं तुम्हें चलते-चलते
ख़त्म हो जाए जो दो-चार क़दम और चलो
मोड़ पड़ता है जहाँ दश्ते-फ़रामोशी का
जिस से आगे न कोई मैं हूँ न कोई तुम हो
सांस थामे हैं निगाहें कि न जाने किस दम
तुम पलट आओ, गुज़र जाओ, या मुड़ कर देखो

गरचे वाक़िफ़ हैं निगाहें कि ये सब धोखा है
गर कहीं तुम से हम-आग़ोश हुई फिर से नज़र
फूट निकलेगी वहाँ और कोई राह-गुज़र
फिर इसी तरह जहाँ होगा मुक़ाबिल पैहम
सायए-ज़ुल्फ़ का और जुंबिशे-बाज़ू का सफ़र

दूसरी बात भी झूठी है कि दिल जानता है
याँ कोई मोड़, कोई दश्त, कोई घात नहीं
जिसके पर्दे में मेरा माहे-रवाँ डूब सके
तुम से चलती रहे ये राह, यूँही अच्छा है
तुम ने मुड़ कर भी न देखा तो कोई बात नहीं

आज बाज़ार में पा-ब-जौलाँ[1] चलो

चश्मे-नम, जाने-शोरीदा[2] काफ़ी नहीं
तोहमते-इश्क़े-पोशीदा काफ़ी नहीं
आज बाज़ार में पा-ब-जौलाँ चलो

दस्त-अफ़्शाँ चलो, मस्तो-रक्साँ चलो
ख़ाक बर-सर चलो, खूँ ब-दामाँ चलो
राह तकता है सब शहरे-जानाँ चलो

हाकिमे-शहर भी, मजमए-आम भी
तेरा इल्ज़ाम भी, संगे दुश्नाम भी
सुब्हे-नाशाद भी, रोज़े-नाकाम भी

1. पाँव में ज़ंजीर (बेड़ी) पहने हुए, 2. दुखी।

इन का दम-साज़ अपने सिवा कौन है
शहरे-जानाँ में अब बासफ़ा कौन है
दस्ते-क़ातिल के शायाँ रहा कौन है

रख़्ते-दिल बांध लो दिल-फ़िगारो चलो
फिर हमीं क़त्ल हो आएं यारो चलो।

शेख़ साहब से रस्मो-राह न की
शुक्र है ज़िन्दगी तबाह न की।

तुझ को देखा तो सैर-चश्म हुए
तुझ को चाहा तो और चाह न की।

तेरे दस्ते-सितम का इज्ज़[1] नहीं
दिल ही काफ़िर था जिस ने आह न की।

थे शबे-हिज्र काम और बहुत
हम ने फ़िक्रे-दिले-तबाह न की।

कौन क़ातिल बचा है शहर में फ़ैज़
जिस से यारों ने रस्मो-राह न की।

---

1. कमज़ोरी।

❀

सितम की रस्में बहुत थीं लेकिन, न थी तेरी अन्जुमन से पहले
सज़ा, ख़ताए-नज़र से पहले, इताब जुर्मे-सुख़न से पहले।

जो चल सको तो चलो कि राहे-वफ़ा बहुत मुख़्तसर हुई है
मुक़ाम है अब कोई न मंज़िल, फ़राज़े-दारो-रसन से पहले।

नहीं रही अब जुनूँ की जंज़ीर पर वो पहली इजारादारी
गिरफ़्त करते हैं करने वाले ख़िरद पे दीवानापन से पहले।

करे कोई तेग़ का नज़ारा, अब उनको ये भी नहीं गवारा
बज़िद है क़ातिल कि जाने-बिस्मिल फ़िगार हो जिस्मो-तन से पहले।

गुरूरे-सर्वो-समन से कह दो कि फिर वही ताजदार होंगे
जो ख़ारो-ख़स वालिए चमन थे उरूजे-सर्वो-समन से पहले

इधर तक़ाज़े हैं मस्लहत के, उधर तक़ाज़ाए-दर्दे-दिल है
ज़बाँ संभालें कि दिल संभालें, असीर-ज़िक्रे वतन से पहले।

ज़िंदगी

मलकए-शहरे-ज़िंदगी तेरा
शुक्र किस तौर से अदा कीजे
दौलते-दिल का कुछ शुमार नहीं
तंग-दस्ती का क्या गिला कीजे

जो तेरे हुस्न के फ़क़ीर हुए
उन को तश्वीशे-रोज़गार कहाँ?
दर्द बेचेंगे, गीत गाएंगे
इस से ख़ुश-वक़्त कारोबार कहाँ?

जाम छलका तो जम गई महफ़िल
मिन्नते-लुत्फ़े-ग़मगुसार किसे?
अश्क टपका तो खिल गया गुल्शन
रंजे-कमज़र्फ़िए-बहार किसे?

खुशनशीं हैं कि चश्मो-दिल की मुराद
दैर में है न ख़ानक़ाह में है
हम कहाँ क़िस्मत-आज़माने जाएं
हर सनम अपनी बारगाह में है

कौन ऐसा ग़नी है जिस से कोई
नक़्दे-शम्सो-क़मर की बात करे
जिस को शौक़े-नबर्द[1] हो हम से
जाए तस्ख़ीरे-कायनात[2] करे

---

1. लड़ाई का शौक़, 2. दुनिया पर विजय हासिल करना।

जब तेरी समन्दर आँखों में

(गीत)

ये धूप किनारा शाम ढले
मिलते हैं दोनों वक़्त जहाँ
जो रात न दिन, जो आज न कल
पल भर को अमर, पल भर में धुवाँ
इस धूप किनारे, पल दो पल
होंठों की लपक
बाहों की छनक

ये मेल हमारा झूठ न सच
क्यों ज़ार करो, क्यों दोष धरो
किस कारन झूठी बात करो
जब तेरी समन्दर आँखों में
इस शाम का सूरज डूबेगा
सुख सोएंगे सब घर-दर वाले
और राही अपनी रह लेगा

मंज़र

रहगुज़र, साये, शजर, मंज़िलो-दर, हल्क़ए-बाम
बाम पर सीनए-महताब खुला, आहिस्ता
जिस तरह खोले कोई बन्दे-क़बा, आहिस्ता
हल्क़ए-बाम तले, सायों का ठहरा हुआ नील
नील की झील
झील में चुपके से तैरा, किसी पत्ते का हबाब
एक पल तैरा, चला, फूट गया, अहिस्ता।

बहुत अहिस्ता, बहुत हल्का, ख़ुनक रंगे-शराब
मेरे शीशे में ढला, आहिस्ता
शीशओ-जाम, सुराही, तेरे हाथों के गुलाब
जिस तरह दूर किसी ख़्वाब का नक्श
आप ही आप बना और मिटा आहिस्ता

दिल ने दोहराया कोई हर्फ़े-वफा, आहिस्ता
तुम ने कहा, ''आहिस्ता
चाँद ने झुक के कहा
''और ज़रा आहिस्ता''

❁

शामे-फ़िराक़, अब न पूछ, आई और आके टल गई
दिल था कि फिर बहल गया, जाँ थी कि फिर संभल गई।

बज़्मे-ख़याल में तेरे हुस्न की शम्अ जल गई
दर्द का चाँद बुझ गया, हिज्र की रात ढल गई।

जब तुझे याद कर लिया, सुब्ह महक-महक उठी
जब तेरा ग़म जगा लिया, रात मचल-मचल गई।

दिल से तो हर मोआमला कर के चले थे साफ़ हम
कहने में उन के सामने बात बदल-बदल गई।

आख़िरे-शब के हमसफ़र फ़ैज़ न जाने क्या हुए
रह गई किस जगह सबा, सुब्ह किधर निकल गई।

कब याद में तेरा साथ नहीं, कब हाथ में तेरा हाथ नहीं
सद शुक्र कि अपनी रातों में अब हिज्र की कोई रात नहीं।

मुश्किल हैं अगर हालात वहाँ, दिल बेच आएँ, जाँ दे आएँ
दिल वालो! कूचए-जानाँ में क्या ऐसे भी हालात नहीं।

जिस धज से कोई मक़्तल में गया, वो शान सलामत रहती है
यह जान तो आनी-जानी है, इस जाँ की तो कोई बात नहीं।

मैदाने-वफ़ा दरबार नहीं, याँ नामो-नसब की पूछ कहाँ
आशिक़ तो किसी का नाम नहीं, कुछ इश्क़ किसी की ज़ात नहीं।

गर बाज़ी इश्क़ की बाज़ी है जो चाहो लगा दो डर कैसा
गर जीत गए तो क्या कहना, हारे भी तो बाज़ी मात नहीं।

इन्तसाब[1]

आज के नाम
और
आज के ग़म के नाम
आज का ग़म कि है जिंदगी के भरे गुलिस्ताँ से ख़फ़ा
ज़र्द पत्तों का बन
ज़र्द पत्तों का बन, जो मेरा देश है
किलर्कों की अफ़सुर्दा जानों के नाम
किर्म-खुर्दा[2] मिलों और ज़बानों के नाम
पोस्ट मैनों के नाम
तांगे वालों के नाम
रेल बानों के नाम

---

1. सम्बन्ध स्थापित करना, 2. घुन लगा हुआ, पुराना।

कारख़ानों के भूखे जियालों के नाम
बादशाहे-जहाँ, वालिए-मासिवा[1], नायबुल्लाह-फ़िल-अर्ज़[2]
—दहक़ाँ[3] के नाम
जिस के ढोरों को ज़ालिम हंका ले गए
जिसकी बेटी को डाकू उठा ले गए
हाथ भर खेत से एक अंगुश्त[4] पटवार ने काट ली है
दूसरी मालिए के बहाने से सरकार ने काट ली है
जिसकी पग ज़ोर वालों के पाँव तले
धज्जियाँ हो गई हैं
उन दुखी माँओं के नाम
रात में जिन के बच्चे बिलखते हैं और
नींद की मार खाए हुए बाज़ुओं में संभलते नहीं
दुख बताते नहीं
मिन्नतों, ज़ारियों से बहलते नहीं

1. निगहबान, दोस्त, 2. धरती पर ईश्वर का सहायक, 3. किसान, 4. उँगली।

उन हसीनाओं के नाम
जिन की आँखों के गुल
चिलमनों और दरीचों की बेलों पे बेकार खिल-खिल के
मुरझा गए हैं
उन ब्याहताओं के नाम
जिनके बदन
बे मुहब्बत रियाकार[1] सेजों पे सज-सज के उकता गए हैं
बेवाओं के नाम
कटड़ियों[2] और गलियों, मुहल्लों के नाम
जिन की नापाक, ख़ाशाक[3] से चाँद
रातों को आ-आ के करता है अक्सर वज़ू
जिन के सायों में करती है आहो-बुका
आँचलों की हिना
चूड़ियों की खनक

---

1. मक्कार, 2. पंजाबी में अहाते को कहते हैं, 3. कूड़ा करकट।

काकुलों[1] की महक
आरज़ूमंद सीनों की अपने पसीने में जलने की बू

पढ़ने वालों के नाम
वो जो असहावे-तब्लो-अलम
के दरों पर किताब और क़लम
का तक़ाजा लिए, हाथ फैलाए
पहुँचे, मगर लौट कर घर न आए
वो मासूम जो भोलपन में
वहाँ अपने नन्हें चिराग़ों में लौ की लगन
लेके पहुँचे जहाँ
बट रहे थे, घटा टोप, बे अंत रातों के साए

उन असीरों के नाम
जिनके सीनों में फ़र्दा[2] के शब-ताब गौहर
जेलख़ानों की शोरीदा रातों की सर-सर में

1. बाल, 2. आने वाला कल।

जल-जल के अन्जुमनुमा[1] हो गए हैं
आने वाले दिनों के सफ़ीरों के नाम
वो जो ख़ुशबूए-गुल की तरह
अपने पैग़ाम पर ख़ुद फ़िदा हो गए हैं।

---

1. तारों की तरह।

यहाँ से शहर को देखो

यहाँ से शह्र को देखो तो हल्क़ा दर हल्क़ा
खिंची है जेल की सूरत हर एक सम्त फ़सील
हर एक राह गुज़र गर्दिशे-असीराँ है
न संगे-मील, न मंज़िल, न मुख़लिसी की सबील

जो कोई तेज़ चले रह, तो पूछता है ख़याल
कि टोकने कोई ललकार क्यों नहीं आई
जो कोई हाथ हिलाए तो वह्म को है सवाल
को छनक, कोई झन्कार क्यों नहीं आई

यहाँ से शह्र को देखो तो सारी ख़िल्क़त में
न कोई साहबे-तमकीं[1] न कोई वालिए-होश
हर एक मर्दे-जवाँ मुजरिमे-रसन ब-गुलू[2]
हर इक हसीनए-राना, कनीज़े-हल्क़ा-ब-गोश[3]

जो साए दूर चिराग़ों के गिर्द लरजाँ हैं
न जाने महफ़िले-ग़म है, न बज़्मे-जामो-सुबू
जो रंग हर दरो-दीवार पर परेशाँ हैं
यहाँ से कुछ नहीं खुलता ये फूल हैं कि लहू

---

1. रुत्बे वाला, 2. फांसी पाने वाला मुजरिम, 3. दासी।

ग़म न कर, ग़म न कर

दर्द थम जाएगा, ग़म न कर, ग़म न कर
यार लौट आएंगे, दिल ठहर जाएगा, ग़म न कर, ग़म न कर
ज़ख़्म भर जाएगा
ग़म न कर, ग़म न कर

दिन निकल आएगा
ग़म न कर, ग़म न कर

अब्र खुल जाएगा, रात ढल जाएगी
ग़म न कर, ग़म न कर

रुत बदल जाएगी
ग़म न कर, ग़म न कर

सिपाही का मर्सिया[1]

उट्ठो अब माटी से उट्ठो
जागो मेरे लाल,
अब जागो मेरे लाल
तुम्हरी सेज सजावन कारन
देखो आई रैन अंधियारन
नीले शाल-दोशाले लेकर
जिन में इन दुखियन अँखियन ने
ढेर किए हैं इतने मोती
इतने मोती, जिन की ज्योती
दान से तुम्हरा
जग-जग लागा
नाम चमकने

1. शोक गीत।

उट्ठो अब माटी से उट्ठो
जागो मेरे लाल
घर-घर बिखरा भोर का कुंदन
घोर अंधेरा अपना आंगन
जाने कब से राह तके हैं
बाली दुल्हनिया, बांके बीरन
सूना तुम्हरा राज पड़ा है
देखो कितना काज पड़ा है
बैरी बिराजे राज सिंघासन
तुम माटी में लाल
उट्ठो, अब माटी से उट्ठो, जागो मेरे लाल
हठ न करो, माटी से उट्ठो, जागो मेरे लाल
जागो मेरे लाल

सोचने दो

(आंद्रे विज़ेंसनस्की के नाम)

इक ज़रा सोचने दो
इस ख़याबाँ में
जो इस लहज़ा बियाबाँ भी नहीं
कौन सी शाख़ में फूल आए थे सब से
पहले
कौन बेरंग हुई रंजो-तअब[1] से पहले
और अब से पहले
किस घड़ी कौन से मौसम में यहाँ
ख़ून का क़ह्त पड़ा
कुल की शह रग पे कड़ा
वक़्त पड़ा
सोचने दो

इक ज़रा सोचने दो
ये भरा शह्र जो अब वादिए-वीराँ भी नहीं

---

1. दुख।

इस में किस वक़्त कहाँ
आग लगी थी पहले
इसके सफ़-बस्ता दरीचों में से किस में अव्वल
ज़ेह[1] हुई सुर्ख़ शुआओं[2] की कमाँ
किस जगह जोत जगी थी पहले
सोचने दो

हमसे उस देस का तुम नामो-निशाँ पूछते हो
जिसकी तारीख़, न जुग़राफ़िया[3] अब याद आए
और याद आए तो महबूबे-गुज़िश्ता की तरह
रू-ब-रू आने से जी घबराए
हाँ मगर जैसे कोई
ऐसे महबूब या महबूबा का दिल रखने को
आ निकलता है कभी रात बिताने के लिए
हम अब उस उम्र में आ पहुँचे हैं जब हम भी युँही
दिल से मिल आते हैं बस रस्म निभाने के लिए
दिल की क्या पूछते हो
सोचने दो

---

1. झालर, 2. किरनें, 3. भूगोल।

दुआ

आइए हाथ उठाएं हम भी
हम जिन्हें रस्मे-दुआ याद नहीं
हम जिन्हें सोज़े-मुहब्बत के सिवा
कोई बुत, कोई ख़ुदा याद नहीं

आइए अर्ज़ गुज़ारें कि निगारे-हस्ती
ज़ह्रे-इमरोज़[1] में शीरीनिए-फ़र्दा[2] भर दे
वो जिन्हें ताबे-गराँबारिए-अय्याम नहीं
उनकी पलकों पे शबो-रोज़ को हल्का कर दे

जिन की आँखों को रुख़े-सुब्ह का यारा[3] भी नहीं
उनकी रातों में कोई शम्अ मुनव्वर कर दे
जिनके क़दमों को किसी रह का सहारा भी नहीं
उनकी नज़रों पे कोई राह उजागर कर दे

---

1. आज की कड़वाहट, 2. भविष्य की मिठास, 3. ताक़त।

जिन का दीं[1] पैरविए-किज़्बो-रिया[2] है उन को
हिम्मते-कुफ़्र मिले, जुर्रते-तहक़ीक़ मिले
जिन के सर मुन्तज़िरे-तेग़े-जफ़ा हैं उनको
दस्ते-क़ातिल को झटक देने की तौफ़ीक मिले

इश्क़ का सिर्रे-निहाँ[3] जाने-तपाँ है जिस से
आज इक़रार करें और तपिश मिट जाए
हर्फ़े-हक़ दिल में खटकता है जो काँटे की तरह
आज इज़हार करें और ख़लिश मिट जाए

---

1. धर्म, 2. मक्कारी की पैरवी करना, 3. छिपा राज़।

हार्ट अटैक

दर्द इतना था कि उस रात दिले-वहशी ने
हर रगे-जाँ से उलझना चाहा,
हर बुने-मू[1] से टपकना चाहा
और कहीं दर्द तेरे सहन में गोया
पत्ता-पत्ता मेरे अफ़सुर्दा लहू में ढल कर
हुस्ने-महताब से आज़ुर्दा[2] नज़र आने लगा
मेरे वीरानए-तन में गोया
सारे दुखते हुए रेशों की तनाबें खुल कर
सिलसिलेवार पता देने लगीं
रुख़्सते-क़ाफ़िलए-शौक़ की तैयारी का
और जब याद की बुझती हुई शम्ओं में नज़र आया कहीं
एक पल आख़िरी लम्हा तेरी दिलकारी का
दर्द इतना था कि उस से भी गुज़रना चाहा
हम ने चाहा भी, मगर दिल न ठहरना चाहा

1. बाल की जड़, 2. नाराज़।

ज़ब्त का अहृद भी है, शौक़ का पैमान भी है
अहृदो-पैमाँ से गुज़र जाने को जी चाहता है
दर्द इतना है कि हर रग में है महशर बरपा
और सुकूँ ऐसा कि मर जाने को जी चाहता है।

बालीं[1] पे कहीं रात ढल रही है
या शम्अ पिघल रही है
पहलू में कोई चीज़ जल रही है
तुम हो कि मेरी जाँ निकल रही है

1. सरहाना।

बेदम हुए बीमार, दवा क्यों नहीं देते
तुम अच्छे मसीहा हो शिफ़ा क्यों नहीं देते।

दर्दे-शबे-हिज्रां की जज़ा क्यों नही देते
ख़ूने-दिले-वह्शी का सिला क्यों नहीं देते।

मिट जाएगी मख़्लूक तो इन्साफ़ करोगे
मुन्सिफ़ हो तो अब हश्र उठा क्यों नहीं देते।

हाँ नुक्तावरो! लाओ लबो-दिल की गवाही
हाँ नग़्मागरो! साज़े-सदा क्यों नहीं देते।

पैमाने-जुनूँ हाथों को शर्माएगा कब तक
दिल वालो, गरेबाँ का पता क्यों नहीं देते।

बर्बादिए-दिल जब्र नहीं फ़ैज़ किसी का
वो दुश्मने-जाँ है तो भुला क्यों नहीं देते।

कब तक दिल की ख़ैर मनाएं कब तक रह दिखलाओगे
कब तक चैन की मोहलत दोगे, कब तक याद न आओगे।

बीता दीद-उमीद का मौसम, ख़ाक उड़ती है आँखों में
कब भेजोगे दर्द का बादल, कब बरखा बरसाओगे।

अह्दे-वफ़ा या तर्के-मुहब्बत, जो चाहो सो आप करो
अपने बस की बात ही क्या है, हमसे क्या मनवाओगे।

किसने वस्ल का सूरज देखा, किस पर हिज्र की रात ढली
गेसुओं वाले कौन थे, क्या थे, इन को क्या जतलाओगे।

फ़ैज़ दिलों के भाग में है, घर भरना भी, लुट जाना भी
तुम उस हुस्न के लुत्फ़ो-करम पर कितने दिन इतराओगे।

❀

यार अग़ियार[1] हो गए हैं
और अग़ियार मुसिर हैं कि वो सब
यारे-ग़ार हो गए हैं
अब कोई नदीमे-बा-सफ़ा नहीं है
सब रिन्द शराब ख़्वार हो गए हैं

❀

हज़ार दर्द शबे-आरज़ू की राह में है
कोई ठिकाना बताओ कि क़ाफ़िला उतरे
क़रीब और भी आओ कि शौक़े-दीद मिटे
शराब और पिलाओ कि कुछ नशा उतरे।

---

1. पराए।

मैं तेरे सपने देखूँ

बरखा बरसे छत पर, मैं तेरे सपने देखूँ
बर्फ़ गिरे परबत पर, मैं तेरे सपने देखूँ
सुब्ह की नील परी, मैं तेरे सपने देखूँ
कोयल धूम मचाए, मैं तेरे सपने देखूँ
आए और उड़ जाए, मैं तेरे सपने देखूँ
बाग़ों में पत्ते महकें, मैं तेरे सपने देखूँ
शबनम के मोती दहकें, मैं तेरे सपने देखूँ

इस प्यार में कोई धोखा है
तू नार नहीं कुछ और है शय
वर्ना क्यों हर एक समय
मैं तेरे सपने देखूँ

❀

तीरगी[1] जाल है और भाला है नूर
इक शिकारी है दिन, इक शिकारी है रात
जग समन्दर है जिसमें किनारे से दूर
मछलियों की तरह इब्ने-आदम[2] की ज़ात
जग समन्दर है, साहिल पे हैं माहीगीर
जाल थामे कोई, कोई भाला लिए
मेरी बारी कब आएगी, क्या जानिए
दिन के भाले से मुझको करेंगे शिकार
रात के जाल में या करेंगे असीर?

---

1. अंधेरा, 2. आदमी।

❀

जो पैरहन में कोई तार मोहतसिब[1] से बचा
दराज़ दस्तिए-पीरे-मोगाँ[2] की नज़्र हुआ
अगर जराहते-क़ातिल से बख़्शवा लाए
तो दिल सियासते-चारागराँ की नज़्र हुआ।

❀

हज़ार दर्द शबे-आरज़ू की राह में है
कोई ठिकाना बताओ कि क़ाफ़िला उतरे
क़रीब और भी आओ कि शौक़े-दीद मिटे
शराब और पिलाओ कि कुछ नशा उतरे।

---

1. हिसाब लेने वाला क़ाज़ी, 2. शराब बेचने वाला।

जिस रोज़ क़ज़ा आएगी

किस तरह आएगी जिस रोज़ क़ज़ा आएगी
शायद इस तरह कि जिस तौर कभी अव्वले-शब
बे तलब पहले-पहल मरहमते-बोसए-लब
जिस से खुलने लगें हर सम्त तिलिस्मात के दर
और कहीं दूर से अन्जान गुलाबों की बहार
यक-बयक सीनए-महताब को महकाने लगे

शायद इस तरह कि जिस तौर कभी आख़िरे-शब
नीम-वा[1] कलियों से सरसब्ज़ सहर
यक-बयक हुजरए-महबूब में लहराने लगे
और ख़ामोश दरीचों से बहंगामे-रहील[2]
झनझनाते हुए तारों की सदा आने लगे

1. अधखुली, 2. कूच करते समय।

किस तरह आएगी जिस रोज़ क़ज़ा आएगी
शायद इस तरह कि जिस तौर तहे-नोके-सिनाँ
कोई रग वाहेमए-दर्द से चिल्लाने लगे
और क़ज़्ज़ाक़े-सिनाँ-दस्त का धुँधला साया
अज़ कराँ-ता-ब-कराँ दह्र पे मंडराने लगे

जिस तरह आएगी जिस रोज़ क़ज़ा आएगी
ख़्वाह क़ातिल की तरह आए कि महबूब सिफ़त
दिल से बस होगी यही हर्फ़े-विदअ की सूरत
लिल्लहिल हम्द बअन्जामे-दिले-दिल-ज़दगाँ
कल्मए-शुक्र बनामे-लबे-शीरीं दहनाँ

अश्काबाद की शाम

जब सूरज ने जाते-जाते
अश्काबाद के नीले उफ़क़ से
अपने सुनहरी जाम
में ढाली
सुर्ख़िए-अव्वले-शाम
और ये जाम
तुम्हारे सामने रख कर
तुम से किया कलाम
कहा, परनाम
उठो
और अपने तन की सेज से उठकर
इक शीरीं पैग़ाम

अश्काबाद तुर्कमान गणराज्य का केन्द्रीय स्थान।

सब्त करो इस शाम
किसी के नाम
कनारे-जाम
शायद तुम ये मान गईं और तुम ने
अपने-लबे-गुलफ़ाम
किए इनआम
किसी के नाम
कनारे-जाम
या शायद
तुम अपने तन की सेज पे सज कर
थीं यूँ महूवे-आराम
कि रस्ता तकते-तकते
बुझ गई शम्ए-जाम
अश्काबाद के नीले उफ़क़ पर
ग़ारत हो गई शाम

मेरे दर्द को जो ज़बाँ मिले

मेरा दर्द नग़्मए बे सदा
मेरी ज़ात ज़र्रए-बेनिशाँ
मेरे दर्द को जो ज़बाँ मिले
मुझे अपना नामो-निशाँ मिले
मेरी ज़ात का जो निशाँ मिले
मुझे राज़े-नज़्मे-जहाँ मिले
जो मुझे ये राज़े-निहाँ मिले
मेरी ख़ामशी को बयाँ मिले
मुझे कायनात की सर्वरी
मुझे दौलते-दोजहाँ मिले

पाँवों से लहू को धो डालो

हम क्या करते, किस रह चलते
हर राह में काँटे बिखरे थे
उन रिश्तों से जो छूट गए
उन सदियों के यारानों के
जो इक-इक करके टूट गए
जिस राह चले जिस सम्त गए
यूँ पाँव लहू-लुहान हुए
सब देखने वाले कहते थे
ये कैसी रीत रचाई है
ये मेंहदी क्यों लगाई है
वो कहते थे, क्यों क़हते-वफ़ा
का नाहक़ चर्चा करते हो
पाँवों से लहू को धो डालो!
ये राहें जब अट जाएंगी
सौ रस्ते इन से फूटेंगे
तुम दिल को संभालो जिस में अभी
सौ तरह के नश्तर टूटेंगे

ऐ शाम मेह्रबाँ हो

ऐ शाम मेह्रबाँ हो
ऐ शामे-शह्रयाराँ
हम पे मेह्रबाँ हो
दोज़ख़ी दोपह्र सितम की
बे सबब सितम की
दोपहर दर्दो-ग़ैज़ो-ग़म की
बेज़बाँ दर्दो-ग़ैज़ो-ग़म की
इस दोज़ख़ी दोपह्र के ताज़ियाने
आज तन पर धनक की सूरत
क़ौस दर क़ौस[1] बट गए हैं
ज़ख़्म सब खुल गए हैं
दाग़ जाना था छट गए हैं

1. दायरे में।

तेरे तोशे में कुछ तो होगा
मरहमे-दर्द का दोशाला
तन के उस अंग पर उढ़ा दे
दर्द सब से सिवा जहाँ हो
ऐ शाम मेहरबाँ हो
ऐ शामे-शहरयाराँ
हम पे मेहरबाँ हो

दोज़ख़ी दश्त नफ़रतों के
बे दर्द नफ़रतों के
किर्चियाँ दीदए-हसद की
ख़सो-ख़ाशाक रंजिशों के
इतनी सुनसान शाहराहें
इतनी गुन्जान क़त्लगाहें
जिन से आए हैं हम गुज़र कर
आबला बन के हर क़दम पर

यूँ पाँव कट गए हैं
रस्ते सिमट गए हैं
मख़्मलीं अपने बादलों की
आज पावों तले बिछा दे
शाफ़िए-कर्बे-रह्‌रवाँ हो
ऐ शाम मेह्‌रबाँ हो

ऐ मह शबे-निगाराँ
ऐ रफ़ीक़े-दिल-फ़िगाराँ
इस शाम हम-ज़बाँ हो
ऐ शाम मेह्‌रबाँ हो
ऐ शाम मेह्‌रबाँ हो
ऐ शामे-शह्‌रयाराँ
हम पे मेह्‌रबाँ हो

गीत

चलो फिर से मुस्कराएं
चलो फिर से दिल जलाएं
जो गुज़र गई हैं रातें
उन्हें फिर जगा के लाएं
जो बिसर गई हैं बातें
उन्हें याद में बुलाएं
चलो फिर से दिल लगाएं
चलो फिर से मुस्कराएं

किसी शहनशीं पे झपकी
वो धनक किसी क़बा की
किसी रग में कसमसाई
वो कसक किसी अदा की

कोई हर्फ़े-बेमुरव्वत
किसी कुन्जे-लब से फूटा
वो छनक के शीशए-दिल
तहे-बाम फिर से टूटा
ये मिलन की नामिलन की
ये लगन की और जलन की
जो सही हैं वारदातें
जो गुज़र गई हैं रातें
जो बिसर गई हैं रातें
कोई उनकी धुन बनाएं
कोई उनका गीत गाएं
चलो फिर से मुस्कराएं
चलो फिर से दिल जलाएं।

हम तो मजबूर थे इस दिल से

हम तो मजबूर थे इस दिल से कि जिसमें हर दम
गर्दिशे-ख़ूँ से वो कोहराम बपा रहता है
जैसे रिन्दाने-बलानोश जो मिल बैठें बहम
मयकदे में सफ़रे-जाम बपा रहता है
सोज़े-ख़ातिर को मिला जब भी सहारा कोई
दाग़े-हिरमान[1] कोई दर्दे-तमन्ना कोई
मरहमे-यास से मायल-ब-शिफ़ा होने लगा
ज़ख़्मे-उम्मीद कोई फिर से हरा होने लगा

1. मायूसी।

हम तो मजबूर थे इस दिल से कि जिसकी ज़िद पर
हम ने उस रात के माथे पे सहर की तहरीर
जिस के दामन में अंधेरे के सिवा कुछ भी न था
हमने उस दश्त को ठहरा लिया फ़िरदौस नज़ीर
जिसमें जुज़ सनअते-खूँने-सरे-पा कुछ भी न था
दिल को ताबीर कोई और गवारा ही न थी
कुल्फ़ते-ज़ीस्त तो मंज़ूर थी हर तौर मगर
राहते-मर्ग किसी तौर गवारा ही न थी

ढाका से वापसी पर

हम कि ठहरे अजनबी इतनी मुलाक़ातों के बाद
फिर बनेंगे आश्ना कितनी मुलाक़ातों के बाद

कब नज़र में आएगी बे दाग़ सब्ज़े की बहार
ख़ून के धब्बे धुलेंगे कितनी बरसातों के बाद

थे बहुत बेदर्द लम्हे ख़त्मे-दर्दे-इश्क़ के
थीं बहुत बे मेहर सुब्हें, मेहरबाँ रातों के बाद

दिल तो चाहा पर शिकस्ते-दिल ने मोहलत ही न दी
कुछ गिले-शिकवे भी कर लेते मुनाजातों के बाद

उनसे जो कहने गए थे फ़ैज़ जाँ सदक़ा किए
अनकही ही रह गई वह बात सब बातों के बाद

न अब रक़ीब, न नासेह, न ग़मगुसार कोई
ग़म आश्ना थे तो थीं आश्नाइयाँ क्या-क्या।

जुदा थे हम तो मयस्सर थीं क़ुर्बतें कितनी
बहम हुए, तो पड़ी हैं जुदाइयाँ क्या-क्या।

पहुँच के दर पे तेरे कितने मोतबर ठहरे
अगरचे रह में हुईं जग-हँसाइयाँ क्या-क्या।

हम ऐसे सादा दिलों की नियाज़ मंदी से
बुतों ने की हैं जहाँ में ख़ुदाइयाँ क्या-क्या।

सितम पे ख़ुश, कभी लत्फ़ो-करम से रंजीदा
सिखाईं तुम ने हमें कज-अदाइयाँ क्या-क्या।

हमने सब शेर में सँवारे थे
हम से जितने सुख़न तुम्हारे थे।

रंगो-खुशबू के, हुस्नो-खूबी के
तुम से थे, जितने इस्तआरे[1] थे।

तेरे क़ौलो-क़रार से पहले
अपने कुछ और भी सहारे थे।

जब वो लालो-गोहर हिसाब किए
जो तेरे ग़म ने दिल पे वारे थे।

मेरे दामन में आ गिरे सारे
जितने तश्ते-फ़लक में तारे थे

उम्र-जावेद की दुआ करते
फ़ैज़ इतने वो कब हमारे थे।

1. प्रतीक।

बहार आई

वहार आई तो जैसे यकवार
लौट आए हैं फिर अदम से
वो ख़्वाब सारे, शबाब सारे
जो तेरे होंठों पे मर मिटे थे
जो मिट के हर वार फिर जिए थे
निखर गए हैं गुलाव सारे
जो तेरी यादों से मुश्कबू हैं
जो तेरे उश्शाक़ का लहू हैं

उबल पड़े हैं अज़ाब सारे
मलाले-अहवाले-दोस्ताँ भी
ख़ुमारे-आग़ोशे-महूवशाँ भी
ग़ुबारे-ख़ातिर के बाब सारे
तेरे हमारे
सवाल सारे, जवाब सारे
बहार आई तो खुल गए हैं
नए सिरे से हिसाब सारे

तुम अपनी करनी कर गुज़रो

अब क्यों उस दिन का ज़िक्र करो
जब दिल टुकड़े हो जाएगा
और सारे ग़म मिट जाएंगे
जो कुछ पाया, खो जाएगा
जो मिल न सका, वो पाएंगे

ये दिन तो वही पहला दिन है
जो पहला दिन था चाहत का
हम जिसकी तमन्ना करते रहे
और जिस से हर दम डरते रहे
ये दिन तो कितनी बार आया
सौ बार बसे और उजड़ गए
सौ बार लुटे और फिर पाया

अब क्यों उस दिन की फ़िक्र करो
जब दिल टुकड़े हो जाएगा
और सारे ग़म मिट जाएंगे
तुम खौफ़ो-ख़तर से दर-गुज़रो
जो होना है, सो होना है
गर हँसना है, तो हँसना है
गर रोना है, तो रोना है
तुम अपनी करनी कर गुज़रो
जो होगा देखा जाएगा

मोरी अरज सुनो

(अमीर खुसरो के लिए)

''मोरी अरज सुनो दस्तगीर पीर''
''माई री, कहूँ का से मैं
अपने जिया की पीर''
''नय्या बांधो रे,
बांधो रे कनारे-दरिया''
''मोरे मंदिर अब क्यों नहीं आए''
इस सूरत से
अर्ज़ सुनाते
दर्द बताते

नय्या खेते
मिन्नत करते
रस्ता तकते
कितनी सदियाँ बीत गई हैं
अब जाकर यह भेद खुला है
जिस को तुम ने अर्ज़ गुज़ारी
जो था हाथ पकड़ने वाला
जिस जा लागी नाव तुम्हारी
जिस से दुख का दारू माँगा
तोरे मंदिर में जो नहीं आया
वह तो तुम्हीं थे
वह तो तुम्हीं थे

❀

हमीं से अपनी नवा हम कलाम होती रही
ये तेग़ अपने लहू में नयाम होती रही।

मुक़ाबिले-सफ़े-आदा जिसे किया आग़ाज़
वो जंग अपने ही दिल में तमाम होती रही।

कोई मसीहा न ईफ़ाए-अह्द को पहुँचा
बहुत तलाश पसे-क़त्ले-आम होती रही।

ये बरहमन का करम, वो अताए-शेख़े-हरम
कभी हयात, कभी मय हराम होती रही।

जो कुछ भी बन न पड़ा फ़ैज़ लुट के यारों से
तो रहज़नों से दुआओ-सलाम होती रही।

तुझे पुकारा है बे इरादा
जो दिल दुखा है बहुत ज़ियादा।

नदीम हो तेरा हर्फ़े-शीरीं
तो रंग पर आए रंगे-बादा।

अता करो इक अदाए-दैरीं[1]
तो अश्क से तर करें लबादा।

न जाने किस दिन से मुंतज़िर है
दिले-सरे-रहगुज़र-फ़तादा[2]।

कि एक दिन फिर नज़र में आए
वो बाम रोशन, वो दर कुशादा।

वो आए पुरसिश को फिर सजाए
क़बाए-रंगीं, अदाए-सादा।

---

1. पुरानी अदा, 2. रास्ते में पड़ा हुआ दिल।

हसरते दीद में गुज़राँ हैं ज़माने कब से
दश्ते उम्मीद में गर्दां हैं दिवाने कब से।

देर से आँख में उतरा नहीं अश्कों का अज़ाब
अपने ज़िम्मे है तेरा कर्ज़ न जाने कब से।

किस तरह पाक हो बे आरज़ू लम्हों का हिसाब
दर्द आया नहीं दरबार सजाने कब से।

सर करो साज़ कि छेड़ें कोई दिल-सोज़ ग़ज़ल
ढूँढ़ता है दिले-शोरीदा बहाने कब से।

पुर करो जाम कि शायद हो इसी लहज़ा रवाँ
रोक रक्खा है जो इक तीर क़ज़ा ने कब से।

फ़ैज़ फिर कब किसी मक़्तल में करेंगे आबाद
लब पे वीराँ हैं शहीदों के फ़साने कब से।

लेनिनग्राड का गोरिस्तान[1]

सर्द सिलों पर
ज़र्द सिलों पर
ताज़ा गर्म लहू की सूरत
गुलदस्तों के छींटे हैं
कत्बे[2] सब बेनाम हैं लेकिन
हर इक फूल पे नाम लिखा है
ग़ाफ़िल सोने वाले का

1. कब्रिस्तान, 2. क़ब्र पर लगी नख़्ती जिस पर मरने वाले का नाम आदि लिखा होता है।

याद में रोने वाले का
अपने फ़र्ज़ से फ़ारिग़ होकर
अपने लहू की तान के चादर
सारे बेटे ख़्वाब में हैं
अपने ग़मों का हार पिरो कर
अम्माँ अकेली जाग रही है

कुछ इश्क़ किया, कुछ काम किया

वो लोग बहुत ख़ुश क़िस्मत थे
जो इश्क़ को काम समझते थे
या काम से आशिक़ी करते थे
हम जीते जी मसरूफ़ रहे
कुछ इश्क़ किया, कुछ काम किया
काम इश्क के आड़े आता रहा
और इश्क़ से काम उलझता रहा
फिर आख़िर तंग आकर हम ने
दोनों को अधूरा छोड़ दिया

गीत

मंज़िलें, मंज़िलें
शौक़-दीदार की मंज़िलें
हुस्ने-दिलदार की मंज़िलें, प्यार की मंज़िलें
प्यार की बेपनह रात की मंज़िलें
कहकशानों की बारात की मंज़िलें
सर बुलंदी की, हिम्मत की, परवाज़ की मंज़िलें
जोश, परवाज़ की मंज़िलें
राज़ की मंज़िलें
ज़िन्दगी की कठिन राह की मंज़िलें

सर बुलन्दी की, हिम्मत की, परवाज़ की मंज़िलें
जोशे-परवाज़ की मंज़िलें
राज़ की मंज़िलें
आन मिलने के दिन
फूल खिलने के दिन
वक़्त के घोर सागर में सुब्ह की
शाम की मंज़िलें
चाह की मंज़िलें
आस की, प्यास की
हसरते-यार की
प्यार की मंज़िलें
मंज़िलें हुस्ने-आलम के गुलज़ार की

मंज़िलें, मंज़िलें
मौज दर मौज ढलती हुई रात के दर्द की मंज़िलें
चाँद-तारों के वीरान संसार की मंज़िलें
अपनी धरती के आबाद बाज़ार की मंज़िलें
हक़ के इरफ़ान की
नूर-अनवार की मंज़िलें
वस्ले-दिलदार की मंज़िलें
क़ौलो-इक़रार की मंज़िलें
मंज़िलें-मंज़िलें

(फिल्म 'क़सम उस वक़्त की')

नाज़िम हिकमत[1]

(ज़िन्दाँ[2] से एक ख़त)

मेरी जाँ तुझ को बतलाऊँ, बहुत नाजुक ये नुक्ता है
बदल जाता है इन्साँ जब मकाँ उसका बदलता है
मुझे ज़िन्दाँ में प्यार आने लगा है अपने ख़्वाबों पर
जो शब को नींद अपने मेहूरबाँ हाथों से
वा[3] करती है दर इसका
तो आ गिरती है हर दीवार इसकी मेरे क़दमों पर
मैं ऐसे ग़र्क हो जाता हूँ उस दम अपने ख़्वाबों में
कि जैसे इक किरन ठ्हरे हुए पानी पे गिरती है

1. तुर्की का प्रसिद्ध शायर जिसने प्रथम विश्व युद्ध के दौरान तुर्की की आज़ादी की लड़ाई में हिस्सा लिया और अधिकांश जीवन जेल में बिताया। 1963 ई. में मृत्यु हुई। 2. जेल, 3. खोलना।

मैं उन लम्हों में कितना सरखुशो–दिलशाद फिरता हूँ
जहाँ की जगमगती उसअतों में किस क़दर आज़ाद फिरता हूँ
जहाँ दर्दो-अलम का नाम है, कोई न ज़िंदाँ है
"तो फिर बेदार होना किस क़दर तुम पर गराँ होगा?"
नहीं ऐसा नहीं है, मेरी जाँ! मेरा ये क़िस्सा है
मैं अपने अज़्मो-हिम्मत से
वही कुछ बख़्शता हूँ नींद को जो उसका हिस्सा है

वीरा[1] के नाम

उसने कहा आओ,
उसने कहा ठहरो,
मुस्काओ, कहा उसने
मर जाओ, कहा उसने
मैं आया,
मैं ठहर गया
मुस्काया
और मर भी गया

1. नाज़िम हिकमत की रूसी बीवी।

मेरे दिल, मेरे मुसाफ़िर

मेरे दिल, मेरे मुसाफ़िर
हुआ फिर से हुक्म सादिर
कि वतन-बदर रहो तुम
दें गली-गली सदाएँ
करें रुख़ नगर-नगर का
कि सुराग़ कोई पाएं
किसी यारे-नामा बर का।

हर इक अजनबी से पूछें
जो पता था अपने घर का
सरे-कूए-नाशनासाँ
हमें दिन से रात करना
कभी इस से बात करना
कभी उस से बात करना
तुम्हें क्या कहूँ कि क्या है
शबे-ग़म बुरी बला है
हमें ये भी था ग़नीमत
जो कोई शुमार होता
हमें क्या बुरा था मरना
अगर एक बार होता

फूल मुरझा गए सारे

फूल मुरझा गए हैं सारे
थमते नहीं हैं आसमाँ के आँसू
शम्एं बेनूर हो गई हैं
आइने चूर हो गए हैं
साज़ सब बज के खो गए हैं
और इन बादलों के पीछे
दूर इस रात का दुलारा
दर्द का सितारा
टिमटिमा रहा है
झनझना रहा है
मुस्करा रहा है

कोई आशिक़ किसी महबूबा से

गुल्शने-याद में गर आज दमे-बादे-सबा
फिर से चाहे कि गुल अफ़्शाँ हो, तो हो जाने दो
उम्रे-रफ़्ता के किसी ताक़ में बिसरा हुआ दर्द
फिर से चाहे कि फ़रोजाँ हो, तो हो जाने दो
जैसे बेगाने से अब मिलते हो, वैसे ही सही
आओ दो-चार घड़ी मेरे मुक़ाबिल बैठो

गरचे मिल बैठेंगे हम-तुम तो मुलाक़ात के बाद
अपना एहसासे-ज़ियाँ और ज़ियादा होगा
हम-सुख़न होंगे जो हम दोनों तो हर बात के बीच
अनकही बात का मौहूम सा पर्दा होगा
कोई इक़रार न मैं याद दिलाऊँगा, न तुम
कोई मज़मून वफ़ा का, न जफ़ा का होगा

गर्दे-अय्याम की तहरीर को धोने के लिए
तुम से गोया हों दमे-दीद जो मेरी पलकें
तुम जो चाहो तो सुनो और जो न चाहो न सुनो
और जो हर्फ़ करें मुझ से गुरेजाँ आँखें
तुम जो चाहो तो कहो, और जो न चाहो न कहो।

गीत

हम तेरे पास आए
सारे भरम मिटा कर
सब चाहतें भुला कर

कितने उदास आए
हम तेरे पास जाकर
क्या-क्या न दिल दुखा है
क्या-क्या वही हैं अंखियाँ
क्या-क्या न हम पे बीती
क्या-क्या हुए परेशाँ

हम तुझ से दिल लगा कर
तुझ से नज़र मिला कर
कितने फ़रेब खाए
अपना तुझे बना कर
हम तेरे पास आए
सारे भरम मिटा कर

थी आस आज हम पर
कुछ होगी मेहरबानी
हल्का करेंगे जी को
सब हाले-दिल ज़बानी
तुझ को सुना-सुना कर
आँसू बहा-बहा कर
कितने उदास आए
हम तेरे पास जाकर
हम तेरे पास आए
सारे भरम मिटा कर

(फिल्म 'सुख का सपना')

दो ग़ज़लें

मख़्दूम[1] की याद में

(1)

"आप की याद आती रही रात भर"
चाँदनी दिल दुखाती रही रात भर।

गाह जलती हुई, गाह बुझती हुई
शम्ए-ग़म झिलमिलाती रही रात भर।

कोई खुशबू बदलती रही पैरहन
कोई तस्वीर गाती रही रात भर।

फिर सबा सायए-शाख़े-गुल के तले
कोई क़िस्सा सुनाती रही रात भर।

जो न आया उसे कोई ज़ंजीरे-दर
हर सदा पर बुलाती रही रात भर।

एक उम्मीद से दिल बहलता रहा
इक तमन्ना सताती रही रात भर।

---

1. उर्दू के प्रसिद्ध प्रगतिशील शायर।

(2)

याद का फिर कोई दरवाज़ा खुला आख़िरे-शब
दिल में बिखरी हुई ख़ुशबूए-क़बा आखिरे-शब।

सुब्ह फूटी तो वो पहलू से उठा आख़िरे-शब
वो जो इक उम्र से आया न गया आख़िरे-शब।

चाँद से माँद सितारों ने कहा आख़िरे-शब
कौन करता है वफ़ा, अहदे—वफ़ा आख़िरे-शब।

लम्से-जनाना[1] लिए, मस्तिए-पैमाना लिए
हम्दे-बारी[2] को उठे दस्ते-दुआ आख़िरे-शब।

घर जो वीराँ था, सरे-शाम वो कैसे-कैसे
फ़ुरक़ते-यार ने आबाद किया आख़िरे-शब।

जिस अदा से कोई आया था कभी अव्वले-सुब्ह
उसी अंदाज़ से चल बादे-सबा आख़िरे-शब।

1. प्रेमिका का स्पर्श, 2. ईश्वर की प्रशंसा।

एक दकनी ग़ज़ल

कुछ पहले इन आँखों आगे क्या-क्या न नज़ारा गुज़रे था
क्या रोशन हो जाती थी गली, जब यार हमारा गुज़रे था।

थे कितने अच्छे लोग कि जिन को अपने ग़म से फ़ुरसत थी
सब पूछें थे अहवाल जो कोई दर्द का मारा गुज़रे था।

अबके तो ख़िज़ाँ ऐसी ठहरी, वो सारे ज़माने भूल गए
जब मौसमे-गुल हर फेरे में आ-आ के दोबारा गुज़रे था।

थी यारों की बहुतात तो हम अग़ियार से भी बेज़ार न थे
जब मिल बैठे तो दुश्मन का भी साथ गवारा गुज़रे था।

अब हाथ सुझाई ना देवे, लेकिन अब से पहले भी तो
बस एक नज़र में आँख उठते ही आलम सारा गुज़रे था।

शोपीं[1] का नग़्मा बजता है

छलनी है अंधेरे का सीना, बरखा के भाले बरसे हैं
दीवारों के आँसू हैं रवाँ, घर खामोशी में डूबे हैं
पानी में नहाए हैं बूटे
गलियों में हू का फेरा है
शोपीं का नग़्मा बजता है

इक ग़मगीं लड़की के चेहरे पर चाँद की ज़र्दी छाई है
जो बर्फ़ गिरी थी इस पे लहू के छींटों की रुशनाई है
खूँ का हर दाग़ दमकता है
शोपीं का नग़्मा बजता है

1. पोलैंड का मशहूर गीतकार।

कुछ आज़ादी के मतवाले, जाँ हाथ लिए मैदाँ में गए
हर सू दुश्मन का नरग़ा था, कुछ बच निकले, कुछ खेत रहे
आलम में उनका शोहरा है
शोपीं का नग्मा बजता है

इक कूँज को सखियाँ छोड़ गईं, आकाश की नीली राहों में
वो याद में तन्हा रोती थीं, लिपटाए अपनी बाहों में
इक शाहीं उस पर झपटा है
शोपीं का नग्मा बजता है

ग़म ने साँचे में ढाला है
इक बाप के पत्थर चेह्रे को
मुर्दा बेटे के माथे को
इक माँ ने रोकर चूमा है
शोपीं का नग्मा बजता है

फिर फूलों की रुत लौट आई
और चाहने वालों की गर्दन में झूले डाले बाहों ने
फिर झरने नाचे छन-छन-छन
अब बादल है, ना बरखा है
शोपीं का नग़्मा बजता है

लाओ तो क़त्लनामा मेरा

सुनने को भीड़ है, सरे-महशर लगी हुई
तोहमत तुम्हारे इश्क़ की हम पर लगी हुई
रिन्दों के दम से आतशे-मय के बग़ैर भी
है मयकदे में आग बराबर लगी हुई
आबाद कर के शह्रे-ख़मोशाँ[1] हर एक सू
किस खोज में है तेग़े-सितमगर लगी हुई
आख़िर को आज अपने लहू पर हुई तमाम
बाज़ी मियाने-कातिलो-ख़ंजर[2] लगी हुई
"लाओ तो क़त्लनामा मेरा, मैं भी देख लूँ
किस-किस की मोह्र है सरे-महज़र लगी हुई"

---

1. क़ब्रिस्तान, 2. क़ातिल और ख़ंजर के बीच।

क्या करें

मेरी तेरी निगाह में
जो लाख इन्तज़ार हैं
जो मेरे-तेरे तन-बदन में
लाख दिल फ़िगार[1] हैं
जो मेरी-तेरी उँगलियों की बेहिसी से
सब क़लम नज़ार[2] हैं
जो मेरे-तेरे शह्र की
हर इक गली में
मेरे-तेरे नक़्शे-पा के बेनिशाँ मज़ार हैं
जो मेरी-तेरी रात के

1. ज़ख़्मी, 2. कमज़ोर।

सितारे ज़ख़्म-ज़ख़्म हैं
जो मेरी-तेरी सुब्ह के
गुलाब चाक-चाक हैं
ये ज़ख़्म सारे बे दवा
ये चाक सारे बे रफ़ू
किसी पे राख चाँद की
किसी पे ओस का लहू
ये है भी या नहीं, बता
ये है कि महज़ जाल है
तुम्हारे अनकबूते-वह्म[1] का बुना हुआ
जो है तो इसका क्या करें
नहीं है तो भी क्या करें
बता, बता
बता, बता

1. वह्म की मकड़ी।

फिलिस्तीनी बच्चे के लिए लोरी

मत रो बच्चे
रो-रो के अभी
तेरी अम्मी की आँख लगी है
मत रो बच्चे
कुछ ही पहले
तेरे अब्बा ने
अपने ग़म से रुख़्सत ली है
मत रो बच्चे
तेरा भाई
अपने ख़्वाब की तितली पीछे
दूर कहीं परदेस गया है

मत रो बच्चे
तेरी बाजी का
डोला पराए देस गया है
मत रो बच्चे
तेरे आँगन में
मुर्दा सूरज नहला के गए हैं
चंदरमा दफ़ना के गए हैं
मत रो बच्चे
अम्मी, अब्बा, बाजी, भाई
चाँद और सूरज
तू गर रोएगा तो ये सब
और भी तुझ को रुलवाएंगे
तू मुस्काएगा तो शायद
सारे इक दिन भेस बदल कर
और भी तुझ को रुलवाएंगे

गीत

अब क्या देखें राह तुम्हारी
बीत चली है रात
छोड़ो
छोड़ो ग़म की बात
थम गए आँसू
थक गईं अँखियाँ
गुज़र गई बरसात
बीत चली है रात
छोड़ो
छोड़ो ग़म की बात

कब से आस लगी दर्शन की
कोई न जाने बात
कोई न जाने बात
बीत चली है रात
छोड़ो ग़म की बात
तुम आओ तो मन में उतरे
फूलों की बारात
बीत चली है रात
अब क्या देखें राह तुम्हारी
बीत चली है रात

(फ़िल्म 'जागो हुआ सवेरा')

सितम सिखलाएगा रस्मे-वफ़ा, ऐसे नहीं होता
सनम दिखलाएंगे राहे-ख़ुदा, ऐसे नहीं होता।

गिनो सब हसरतें जो ख़ूँ हुई हैं तन के मक़्तल में
मेरे क़ातिल! हिसाबे ख़ूँबहा, ऐसे नहीं होता।

जहाने-दिल में काम आती हैं तदबीरें न ताज़ीरें[1]
यहाँ पैमाने-तस्लीमो-रज़ा, ऐसे नहीं होता।

हर एक शब, हर घड़ी गुज़रे क़यामत यूँ तो होता है
मगर हर सुब्ह हो रोज़े-जज़ा[2] ऐसे नहीं होता।

रवाँ है नब्ज़े-दौराँ, गर्दिशों में आसमाँ सारे
जो तुम कहते हो सब कुछ हो चुका, ऐसे नहीं होता।

---

1. दण्ड, 2. पुरस्कार का दिन।

❀

सहल यूँ राहे-ज़िंदगी की है
हर क़दम हमने आशिक़ी की है।

हमने दिल में सजा लिए गुल्शन
जब बहारों ने बेरुख़ी की है।

ज़हर से धो लिए हैं होंठ अपने
लुत्फ़े-साक़ी ने जब कमी की है।

तेरे कूचे में बादशाही की
जब से निकले गदागरी की है।

बस वहीं सुर्ख़रु हुआ जिस ने
बह्रे-खूँ[1] में शनावरी[2] की है।

"जो गुज़रते थे दाग़ पर सदमे"
अब वही कैफ़ियत सभी की है।

---

1. ख़ून की नदी, 2. तैराकी।

ये किस ख़लिश ने फिर इस दिल में आशियाना किया
फिर आज किस ने सुख़न हम से ग़ायबाना किया।

ग़मे-जहाँ हो, रुख़े-यार हो कि दस्ते-अदू
सुलूक जिस से किया हम ने, आशिक़ाना किया।

थे ख़ाके-राह भी हम लोग, क़ह्रे-तूफ़ाँ भी
सहा तो क्या न सहा, और किया तो क्या न किया।

ख़ुशा कि आज हर इक मुद्दई के लब पर है
वो राज़ जिस ने हमें रांदए-ज़माना किया।

वो हीलागर जो वफ़ा-जू भी है, जफ़ा-ख़ू भी
किया भी फ़ैज़ तो किस बुत से दोस्ताना किया।

गीत

जलने लगीं यादों की चिताएं
आओ कोई बैत बनाएं

जिनकी रह तकते जुग बीते
चाहे वो आएं कि न आएं
आँखें मूँद के नित पल देखें
आँखों में उनकी परछाएं
अपने दर्द का मुकुट पहन कर
बेदर्दों के सामने जाएं

जब रोना आए मुस्काएं
जब दिल टूटे दीप जलाएं
प्रेम कथा का अन्त न कोई
कितनी बार इसे दोहराएं
प्रीत की रीत अनोखी साजन
कुछ नहिं माँगें, सब कुछ पाएं
फ़ैज़ उनसे क्या बात छिपी है
हम कुछ कह कर क्यों पछताएं

तुम ही कहो क्या करना है

जब दुख की नदिया में हम ने
जीवन की नाव डाली थी
था कितना कस-बल बाहों में
लोहू में कितनी लाली थी
यूँ लगता था दो हाथ लगे
और नाव पूरम पार लगी
ऐसा न हुआ, हर धारे में
कुछ अनदेखी मंझधारें थीं
कुछ माँझी थे अनजान बहुत
कुछ बेपरखी पतवारें थीं

अब जो भी चाहो छान करो
अब जितने चाहो दोष धरो
नदिया तो वही है, नाव वही
अब तुम ही कहो, क्या करना है
अब कैसे पार उतरना है
जब अपनी छाती में हमने
इस देस के घाव देखे थे
था वैदों पर विश्वास बहुत
और याद बहुत से नुस्ख़े थे
यूँ लगता था, बस कुछ दिन में
सारी बिपदा कट जाएगी
सब घाव फिर भर जाएंगे
ऐसा न हुआ कि रोग अपने
कुछ इतने ढेर पुराने थे

वैद इनकी टोह को पा न सके
और टोटके सब बेकार गए
अब जो भी चाहो छान करो
अब जितने चाहो दोस धरो
छाती तो वही है घाव वही
अब तुम ही कहो, क्या करना है
ये घाव कैसे भरना है

इश्क़ अपने मुजरिमों को पा-ब-जौलाँ ले चला

दार की रस्सियों के गुलूबंद गर्दन में पहने हुए
गाने वाले हर इक रोज़ गाते रहे
पायलें बेड़ियों की बजाते हुए
नाचने वाले धूमें मचाते रहे
हम न इस सफ़ में थे, और न उस सफ़ में थे
रास्ते में खड़े उनको तकते रहे
रश्क करते रहे
और चुप-चाप आँसू बहाते रहे

लौट कर आके देखा तो फूलों का रंग
जो कभी सुर्ख़ था, ज़र्द ही ज़र्द है

अपना पहलू टटोला तो ऐसा लगा
दिल जहाँ था, वहाँ दर्द ही दर्द है
गुलू में कभी तौक़ का वाहेमा
कभी पाँव में रक्से-ज़ंजीर
और फिर एक दिन
'रसन दर गुलू' पा-ब-जौलाँ हमें
इसी क़ाफिले में कशाँ ले गया

नहीं निगाह में मंज़िल तो जुस्तजू ही सही
नहीं विसाल मयस्सर तो आरज़ू ही सही।

न तन में ख़ून फ़राहम, न अश्क आँखों में
नमाज़े-शौक़ तो वाजिब है, बेवज़ू ही सही।

किसी तरह तो जमे बज़्म, मयकदे वालो
नहीं जो बादओ-साग़र तो हाव-हू ही सही।

गर इन्तज़ार कठिन है तो जब तलक ऐ दिल
किसी के वादए-फ़र्दा की गुफ़्तगूं ही सही।

दयारे-ग़ैर में महरम अगर नहीं कोई
तो फ़ैज़ ज़िक्रे-वतन अपने रूबरू ही सही।

गो सब को बहम साग़रो-बादा तो नहीं था
ये शहर उदास इतना ज़ियादा तो नहीं था।

गलियों में फिरा करते थे दो-चार दिवाने
हर शख़्स का सद-चाक लबादा तो नहीं था।

मंज़िल को न पहचाने रहे-इश्क़ का राही
नादाँ ही सही, ऐसा भी सादा तो नहीं था।

थक कर युँही पल भर के लिए आँख लगी थी
सोकर ही न उट्ठें, ये इरादा तो नहीं था।

वायज़ से रहो-रस्म रही, रिन्द से सोहबत
फ़र्क़ इनमें कोई इतना ज़ियादा तो नहीं था।

इस वक़्त तो यूँ लगता है

इस वक़्त तो यूँ लगता है अब कुछ भी नहीं है
महताब न सूरज, न अंधेरा न सवेरा

आँखों के दरीचों पे किसी हुस्न की चिलमन
और दिल की पनाहों में किसी दर्द डेरा

मुमकिन है कोई वहम था, मुमकिन है सुना हो
गलियों में किसी चाप का इक आख़िरी फेरा

शाख़ों पे ख़यालों के घने पेड़ की शायद
अब आके करेगा न कोई ख़्वाब बसेरा

इक बैर, न इक मेहर, न इक रब्त, न रिश्ता
तेरा कोई अपना, न पराया कोई मेरा

हिज्र की राख और विसाल के फूल

आज फिर दर्दो-ग़म के धागे में
हम पिरो कर तेरे ख़याल के फूल

तर्के-उल्फ़त के दश्त से चुन कर
आश्नाई के माहो-साल के फूल

तेरी दहलीज़ पर सजा आए
फिर तेरी याद पर चढ़ा आए

बाँध कर आरज़ू के पल्ले में
हिज्र की राख और विसाल के फूल

जैसे हमवज़्म हैं फिर यारे-तरहदार से हम
रात मिलते रहे अपने दरो-दीवार से हम।

सरख़ुशी में युँही दिल शादो-ग़ज़ल ख़्वाँ गुज़रे
कूए-क़ातिल से कभी कूचए-दिलदार से हम।

कभी मंज़िल, कभी रस्ते में हमें साथ दिया
हर क़दम उलझे रहे क़ाफ़िला-सालार से हम।

हम से बेबहरा हुई अब जरसे-गुल की सदा
वर्ना वाक़िफ़ थे हर इक रंग की झंकार से हम।

फ़ैज़ जो चाहा, जो कुछ चाहा, सदा माँग लिया
हाथ फैला के दिले-बेज़रो-दीनार से हम।

जो मेरा तुम्हारा रिश्ता है

मैं क्या लिखूँ जो मेरा और तुम्हारा रिश्ता है
वो आशिक़ी की ज़बाँ में कहीं भी दर्ज नहीं
लिखा गया है बहुत लुत्फ़े-वस्लो-दर्दे-फ़िराक़
मगर ये कैफ़ियत अपनी रक़म नहीं है कहीं
ये अपना इश्क़, हम-आग़ोश जिसमें हिज्रो-विसाल
ये अपना दर्द कि है कब से हमदमे-महो-साल
इस इश्क़े-ख़ास को हर एक से छिपाए हुए
"गुज़र गया है जमाना गले लगाए हुए"

आज शब कोई नहीं है

आज शब दिल के क़रीं कोई नहीं है
आँख से दौरे-तिलिस्मात के दर वा हैं कई
ख़्वाब दर ख़्वाब महल्लात के दर वा हैं कई
और मकीं कोई नहीं है

आज शब दिल के क़रीं कोई नहीं है
कोई नग़्मा, कोई ख़ुशबू, कोई काफ़िर सूरत''
कोई उम्मीद, कोई आस मुसाफ़िर सूरत
कोई ग़म, कोई कसक, कोई शक, कोई यक़ीं
कोई नहीं है

आज शब दिल के करीं कोई नहीं है
तुम अगर हो, तो मेरे पास हो या दूर हो तुम
हर घड़ी सायागरे-ख़ातिरे-रंजूर हो तुम
और नहीं हो तो कहीं
कोई नहीं, कोई नहीं है
आज शब दिल के क़रीं कोई नहीं है।

इधर न देखो

इधर न देखो कि जो बहादुर
क़लम के या तेग़ के धनी थे
जो अज़्मो-हिम्मत के मुद्दई थे
अब उनके हाथों में सिद्क़े-ईमाँ[1] की
आज़मूदा पुरानी तलवार मुड़ गई है
जो कज-कुलह साहबे-हशम[2] थे
जो अहूले-दस्तार[3] मोहतरम थे
हवूस के पुर-पेच रास्तों में
कुलह[4] किसी ने गिरवी रख दी
किसी ने दस्तार[5] बेच दी है

---

1. धर्म की सच्चाई, 2. टेढ़ी टोपी वाले बुलंद इक़बाल लोग, 3. पगड़ी वाले, 4. टोपी, 5. पगड़ी।

उधर भी देखो
जो अपने रख़्शाँ[1] लहू के दीनार
मुफ़्त बाज़ार में लुटा कर
नज़र से ओझल हुए
और अपनी लहद[2] में इस वक़्त तक ग़नी हैं
उधर भी देखो
जो हर्फ़े-हक़ की सलीब पर अपना तन सजा कर
जहाँ से रुख़्सत हुए
और अहूले-जहाँ में इस वक़्त तक नबी[3] हैं

1. चमकदार, 2. क़ब्र, 3. पैग़म्बर।

फिर आइनए-आलम शायद कि निखर जाए
फिर अपनी नज़र शायद ता हद्दे-नज़र जाए।

सहरा पे लगे पहरे और क़ुफ़्ल पड़े बन पर
अब शहर-बदर होकर दीवाना कहाँ जाए।

ख़ाके-रहे-जानाँ पर कुछ ख़ूँ था गिरा अपना
इस फ़स्ल में मुमकिन है, ये क़र्ज़ उतर जाए।

देख आएं चलो हम भी जिस बज़्म में सुनते हैं
जो ख़न्दा-बलब[1] आए वो ख़ाक-बसर[2] जाए।

या ख़ौफ़ से दर गुज़रें या जाँ से गुज़र जाएं
मरना है कि जीना है, इक बात ठहर जाए।

---

1. मुस्कराता हुआ, 2. दुखी।

सोच

क्यों मेरा दिल शाद नहीं
क्यों ख़ामोश रहा करता हूँ
छोड़ो मेरी राम कहानी
मैं जैसा भी हूँ, अच्छा हूँ

मेरा दिल ग़मगीं है तो क्या
ग़मगीं ये दुनिया है सारी
ये दुख तेरा है ना मेरा
हम सब की जागीर है प्यारी

तू गर मेरी भी हो जाए
दुनिया के ग़म यूँ ही रहेंगे
पाप के फंदे, जुल्म के बंधन
अपने कहे से कट न सकेंगे

ग़म हर हालत में मोहलिक है
अपना हो या और किसी का
रोना धोना, जी को जलाना
यूँ भी हमारा, यूँ भी हमारा

क्यों न जहाँ का ग़म अपना लें
बाद में सब तदबीरें सोचें
बाद में सुख के सपने देखें
सपनों की ताबीरें सोचें

बेफ़िक्रे धन-दौलत वाले
ये आख़िर क्यों ख़ुश रहते हैं
इन का सुख आपस में बाँटें
ये भी आख़िर हम जैसे हैं

हम ने माना जंग कड़ी है
सर फूटेंगे, ख़ून बहेगा
ख़ून में ग़म भी बह जाएंगे
हम न रहें, ग़म भी न रहेगा

दोनों जहान तेरी मुहब्बत में हार के
वो जा रहा है कोई शबे-ग़म गुज़ार के।

वीराँ है मयकदा खुमो-साग़र उदास हैं
तुम क्या गए कि रूठ गए दिन बहार के।

इक़ फ़ुरसते-गुनाह मिली, वो भी चार दिन
देखे हैं हमने हौसले परवरदिगार के।

दुनिया ने तेरी याद से बेगाना कर दिया
तुझ से भी दिल-फ़रेब हैं ग़म रोज़गार के।

भूले से मुस्करा तो दिए थे वो आज फ़ैज़
मत पूछ वलवले दिले-नाकर्दाकार के।

❀

गुलों में रंग भरे बादे-नौबहार चले
चले भी आओ कि गुल्शन का कारोबार चले।

क़फ़स उदास है यारो, सबा से कुछ तो कहो
कहीं तो बहरे-खुदा आज ज़िक्रे-यार चले।

बड़ा है दर्द का रिश्ता ये दिल ग़रीब सही
तुम्हारे नाम से आएंगे ग़मगुसार चले।

जो हम पे गुज़री सो गुज़री मगर शबे-हिज्राँ
हमारे अश्क तेरी आक़बत संवार चले।

हुज़ूरे-यार हुई दफ़्तरे-जुनूँ की तलब
गिरह में लेके गरेबाँ का तार-तार चले।

मुक़ाम फ़ैज़ कोई राह में जचा ही नहीं
जो कूए-यार से निकले तो सूए-दार चले।

दरबार में अब सितवते-शाही[1] की अलामत
दरबाँ का असा[2] है कि मुसन्निफ़ का क़लम है।

आवारा है जो कोहे-निदा पर जो बशारत[3]
तमहीदे-मसर्रत है कि तूले-शबे-ग़म[4] है।

जिस धज्जी को गलियों में लिए फिरते हैं तिफ़्लाँ
ये मेरा गरेबाँ है कि लश्कर का अलम है।

जिस नूर से है शह्‌र की दीवार दरख़्शाँ
ये ख़ूने-शहीदाँ है कि ज़र-ख़ानए-जम है।

हल्क़ा किए बैठे रहो इक शम्अ को यारो
कुछ रोशनी बाक़ी तो है हर चन्द कि कम है।

□□

---

1. बादशाही रोब, 2. लाठी, 3. ख़्वाब से ख़बर मिलना, 4. ग़म की रात की लम्बाई।